JN422923

융합적 사고를 위한

비즈니스맨을 위한 영업마케팅 지침서

비즈니스 가이드

김덕희

집현재

머리말

최적의 영업성과를 위하여!

최근 코로나 19와 우크라이나 전쟁으로 인하여 유례없는 글로벌 불황을 맞게 되고 이에 따라 생존까지도 우려되는 처지에 있습니다. 특히 중소상공인 등 자영업자들은 매출 급감으로 연쇄 부도의 사태에 직면하고 있습니다. 이러한 상황에서 기업과 중소상공인들이 살아남기 위해서는 무엇보다도 먼저 영업과 마케팅을 강화하여 매출과 영업이익을 남길 수 있어야 할 것입니다.

영업마케팅의 강화는 영업현장에서 활동하는 비즈니스맨으로부터 시작해야 할 것입니다. 즉, 역량있는 비즈니스맨이 기업을 일으키게 되는 것입니다. 이 책은 융합시대에 기업 및 중소상공인에게 영업과 마케팅 가이드로서의 역할을 할 수 있도록 집필하였습니다.

필자는 1992년 영업실무와 마케팅 이론을 융합한 논문을 국내 최초로 발표한 이후 현재까지 이 분야에 관해서 연구를 계속하여 여러 저서와 논문을 발표한 바 있습니다. 또한 산업교육 현장에서 300여 기업과 중소상공인 대상의 교육과 컨설팅을 하였습니다. 이러한 경험의 결과물이 바로 이 책입니다.

이 책은 비즈니스맨의 입장에서 기본적이고 본질적인 영업과 마케팅의 원리를 토대로 하여 어떻게 실무적으로 적용해야 하는가를 다루고 있습니다. 즉, 영업실무를 마케팅 이론으로 백업하는 융합전략을 구사해야 성공적인 비즈니스를 할 수 있다는 것입니다. 또한 여러 사례로써 알기 쉽게 해설하여 고객접점에서 부딪히는 여러 문제들을 해결하기 위한 지침으로서의 역할도 할 것으로 기대합니다.

본서의 출간을 흔쾌히 허락해주신 도서출판 집현재의 위호준 대표님과 전충영 상무님께 깊은 감사를 드리며, 오늘의 필자와 이 책이 있게끔 해주신 부모님의 은혜를 되새기고, 늘 힘이 되어주는 아내와 언제나 최선을 다하는 사랑스러운 딸 경민에게도 고마움을 전합니다.

이 책이 작지만 커다란 목적, 적은 분량이지만 비즈니스맨의 성공에 보탬이 될 수 있다면 이책의 내용들은 더 큰 의미를 지닐 수 있을 것 같습니다.

2022. 3

石破 김 덕 희

차 례

제 1 장

영업마케팅의 뉴 패러다임

1.1 ESG 경영, 기업의 사회적 책임과 공유가치 창출

기업경영의 '1차적 목적은 이윤창출이다'라는 명제에 이의를 제기하는 사람은 아마도 없을 것이다. 그러나 기업경영자가 노블레스 오블리주noblesse oblige에 반하는 행위를 일삼는다면 착한 소비자는 물론 모두가 분개할 것이다. 그래서 기업의 지속성장CSM을 위해서는 사회적 책임CSR: corporate social responsibility을 다해야 하는데 첫 번째는 윤리적 경영을 해야 한다. 회사 차원에서는 우선적으로 분식회계, 일감 몰아주기, '갑질' 등 중소업체에 대한 부당행위 등을 하지 말아야 하고, 개인적 차원에서는 CEO와 후대들의 사생활과 관련 사회적 물의를 일으키는 도덕적 해이를 지양해야 한다. 두 번째는 21세기에 그린 마케팅green marketing을 지향하는 환경경영을 해야 한다.

시대는 이제 기업의 사회적 책임에서 한발 더 나아가 공유가치 창출CSV: creating shared value을 요구하고 있다. 그럼 사회적 책임과 공유가치 창출의 차이는 무엇일까? 사회적 책임은 기업이 위 두 가지 요소를 바탕으로 기업을 경영하면서 기부활동으로 이윤 중 일부를 일회성으로 사회에 환원하는 그 자체인 것이다. 그러나 공유가치 창출은 사회적 책임처럼 제로 섬zero sum 게임의 성격의 일방적이고 일회성인 기부가 아니라 시장의 가치를 계속해서 창출하면서 기업과 함께 모든 구성원 관계자들과 지역공동체도 상생 과정을 통해 지속적으로 유지, 성장, 발전시켜 나가는 것이다.

CSV는 CSR와 비슷하지만 '가치 창출'이라는 점에서 가장 큰 차이가 있다. CSR는 선행 및 기부활동을 통해 기업의 이윤 중 일부를 사회에 환원하기 때문에 기업의 경제적 추구와는 무관하다. 그러나 CSV는 기업의 경제적 기회와 지역사회의 수요가 공유되는 지점에서 기업의 사업적 가치를 창출해 경제적·사회적 이익을 함께 추구한다. 공유가치 창출은 기업의 경제적 가치와 공동체의 사회적 가치를 조화시키는 경영으로, 2006년 마이클 포터Michael Porter와 FSG의 공동 창업자 마크 R. 크레이머Mark R. Kramer가 하버드 비즈니스 리뷰에 처음 제시한 용어이며 2011년에 본격적으로 확장된 개념이다. 그는 20여 년 설파한 기업의 발전적 모델인 '본원적 경쟁전략'에서 탈피해 이제는 공유가치 창출을 통해서 기업의 지속성장 발전을 가능케 한다고 주장한다.

CSV의 해외기업 사례로 세계적인 기부왕 빌 게이츠Bill Gates는 ITinformation technology에 대한 무상교육과 창업을 지원하며, 생산과정에서 물을 많이 소비하는 코카콜라는 물자원의 보존에 대해 지원하고, 스타벅스는 공정무역과 커피 원료의 공정가 구입으로 공유가치 창출에 대한 사명을 다함으로써 공유가치를 창출한다. 우리의 경우 CSV의 원조는 노블레스 오블리주를 온몸으로 실천한 고 유일한 박사가 '국민 건강을 지켜야 한다'는 신념 하나로 설립한 유한양행이다. 한겨울에 얼어붙은 개울물로 빨래를 하고 손이 부르튼 아낙네의 질고를 불쌍히 여겨 '안티푸라민'을 생산하고 이후 모든 재산을 사회에 환원함으로써 바로 한국에서 CSV의 선구자로서 길을 열었기 때문이다. 기업이 지속성장 발전을 도모하기 위한 공유가치를 창출하기 위해서는 다음과 같은 세 가지 조건이 필요조건이다.

1. 제품과 시장에 대한 개발전략: 제품과 시장을 개발하거나 슘페터의 '창조적 파괴'와 최근에 '파괴적 혁신'을 주문하는 클레이튼 크리스텐슨Clayton Christensen의 이론을 통해 기존의 것들을 완전히 바꿔 사회적 요구 및 고객 욕구needs를 만족시킬 수 있어야 한다.
2. 기업문화의 재정의: 사내 다양한 부서 및 임직원이 함께 참여해 기획하고 실행할 수 있는 협업collaboration문화와 피

드백에 대한 관리 시스템이 필요하다. 또한 기업 외부의 다양한 파트너 그룹과 효율적으로 협업할 수 있는 구조를 만들어야 한다.

3. 지역공동체 구축: 기업이 핵심역량core competence을 바탕으로 경쟁력을 확보하고 사회와 함께 성장하기 위해서 기업은 지역 공급업체와의 진정한 파트너십, 자사의 인적·물적 자원을 통한 업체에 대한 교육 및 컨설팅 지원 그리고 환경자원 보전에 대한 효과적인 후원, 도로와 통신과 같은 인프라에 직·간접투자, 재능 있는 인력 양성의 산학협동체제 마련 등을 함께 구축해야 한다.

최근의 경영화두는 이를 토대로 환경environment을 생각하고 지역사회society와 더불어 성장하며 지배구조governance를 투명하게 경영하는 ESG가 기업경영의 세계적인 표준global standard으로서 대두되고 있다.

1.2 기업, 경영철학의 마케팅

제품과 소비자와의 교환을 창조하는 과정을 마케팅의 본질이라 하고 고객을 만족시키는 욕구needs를 마케팅의 개념concept이라고 본다면 마케팅은 기업에서 경영철학의 근간이다.

기업 경영철학은 시장의 환경 변화에 따라 구분돼 생산개념과 마케팅개념으로 분류된다.

1960년~70년대는 제품공급 부족과 소비자의 구매력이 낮아 기업은 생산개념을 토대로 대량생산과 생산성 향상을 통한 원가절감으로 가격 경쟁력 제고를 우선순위에 두었으며 소비자는 제품의 특성보다는 구매 자체로 만족했다.

예를 들어 가정에서 여름철 음식물을 신선하게 유지하기 위한 욕구를 냉장고가 출현함으로써 냉장 기능 그 자체에 만족할 수 있었고, 자동차의 경우 포드자동차의 유일한 T 모델과 검정색 승용차의 한 사양만으로도 마차를 대체할 수 있는 운송수단과 그 밖의 편의성을 도모할 수 있어 소비자들은 매우 만족했다.

1980년대 이후 소비자는 가처분소득이 증가하고 고객욕구가 다양화됨에 따라 개인의 라이프 스타일에 맞는 자신만의 고객가치를 창출하는 데 신경을 쓰기 시작한다. 기업 입장에서는 치열한 경쟁 속에서 소비자를 만족시키기 위한 마케팅 개념이 이때부터 본격적으로 도입되기 시작되었다. 마케팅 개념은 1952년 General Electric(GE) 연례보고서에 처음으로 등장하고 Proctor & Gamble, IBM, McDonald's 등 마케팅 지향적 회사에서 지배적 경영이념이 되었다. 한국에서는 1980년대 이후 점진적으로 수용, 확산되기 시작한다.

마케팅 개념은 시장조사를 통한 고객의 니즈needs를 먼저 파악한 후 니즈에 부합한 제품을 생산하기 위하여 마케팅 부서를 중심으로 각 부서의 기능을 협업collaboration하는 것으로 요약된다.

21세기의 영업력 시대에서 마케팅 개념은 그 중요성이 중차대하며 작금의 4차 산업혁명 시대에서는 다음과 같이 커다란 변화가 예상된다.

1. 소비자 욕구를 파악하기 위한 시장조사는 기업의 규모와 상관없이 경영의 필요조건으로서 비용이 아닌 투자로서 인식되고 동시에 지속성장을 담보하는 충성고객 확보는 빅 데이터big data 활용으로 고객관계관리CRM: customer relationship management에서 고객차별화전략의 핵심이 되고 있다.
2. 소비자 욕구가 다양화되고 개성화의 증가 추세에 따라 다

품종 소량생산 방식에서 자신only one만의 스타일을 추구하는 맞춤식customizing이 보편화됐다.

3. 마케팅 개념의 도입에 따라 고객 니즈와 라이프 스타일life style을 최적화하기 위한 온라인과 오프라인을 융합한 옴니채널omni-channel 방식의 O2Oonline-to-offline마케팅이 출현하게 됐다.
4. 고객관계관리CRM에서 발전한 '고객체험관리CEM: customer experience management'는 소비자를 제조 및 체험과정에 참여시킨다. 예를 들어 IKEA는 가구판매에서 DIYdo it yourself를 통한 '이케아 효과'를 유도하며, 글로벌 패션 브랜드 유니클로는 가상현실VR을 적용한 '매직미러magic mirror' 앞에 서면 마치 옷을 입은 것처럼 편의성을 최적화하고, 코카콜라는 '프리스타일 머신'이라는 자판기를 통해 본인이 마시고 싶은 메뉴를 혼합mixng하여 마실 수 있게 해 '체험식 고객만족'을 극대화한다.

부서 간의 헤게모니hegemony 싸움을 탈피하고 오로지 '고객욕구'만을 화두로 전사적 마케팅 기능을 통합한 제록스를 벤치마킹benchmarking하면서 20세기 제품력 시대에서 21세기 영업력 시대가 요구하는 전사적 마케팅 체제 구축이 기업경영의 본질이 아닐까.

1.3 코로나 19 불황에 대비하는 영업 & 마케팅의 융합전략

필자는 SWOT분석을 통해 교육생의 현재의 영업현황을 토대로 영업전략을 수립해 발표하게 하고 교육생 전체와 상호간에 공유 및 토론하게 함으로써 본인 업무에 대한 실무적 접근의 마케팅 시사점을 도출하게 한다. 그리고 취업을 앞둔 대학생들에게는 취업전략을 필자의 경우에는 때때로 인생전략 수립의 분석틀로 활용하기도 한다.

SWOT분석은 자사 및 경쟁사의 강·약점 분석과 기업 외부에서 일어나고 있는 환경 변화를 종합적으로 정리해 자사가 처한 기회와 위협 요인(들)을 일목요연하게 제시하는 방법이다.

먼저 경쟁사 대비 자사 제품과 서비스의 강점strength과 약점weakness을, 그리고 외부적 요인의 기회opportunity와 위협threat을 기입하게 한 후 이를 토대로 전술적인 영업전략을 수립하게 한다.

기회요소에서는 자사의 강점을 어떻게 최대한 활용해 매출

극대화라는 성과를 창출할 것인지에 대한 구체적인 마케팅 전술에 대한 실행(안)을 작성하게 한다. 반면에 시장은 기회요소이지만 경쟁사에 대비하여 자사가 약점을 가질 경우 그 약점을 보완해 전략을 수립할 것을 시사한다. 위협요소에서는 시장이 지금처럼 글로벌 불황이긴 하지만 자사의 강점을 토대로 어떻게 위협요소를 돌파해 최소한의 매출을 유지할 것인지에 대한 마케팅의 보완적 결정을 수립하게 된다.

또한 자사 제품이 약점이 있고 시장환경이 의협요소일 때에는 설상가상이므로 시장에서 과감히 철수하거나 업종을 전환한다든지, 그리고 M&A와 구조 조정 등의 영업전략을 취함으로써 최악의 시나리오에 대처해야 할 것이다.

마케팅전략은 먼저 하나의 제품시장을 세분화segmentation해 표적시장target을 선정하고 각 시장에서 경쟁우위를 달성할 수 있는 포지셔닝positioning을 확보하기 위해 통제 가능한 마케팅믹스(4P) 계획을 수립하는 것을 그 내용으로 하는데 이는 마케팅 활동의 기본골격이 된다.

기업과 비즈니스맨은 마케팅전략에 의해 소비자 행동에 영향을 미치고자 하며, 또한 마케팅전략은 소비자의 구매의사 결정과정에 의해 영향을 받는다는 점에서 상호작용을 한다. 따라서 마케팅전략의 구성요소는 소비자 행동과 밀접한 관계를 가지게 된다.

마케팅전략을 수립할 때 유사한 반응을 할 것으로 추정되는 여러 개의 고객집단으로 나누는 과정을 시장세분화market segmentation라고 한다. 시장세분화를 하기 위해서는 각 세분시장의 인구통계적 및 사이코그래픽 특성과 소비자의 구매빈도와 구매량 같은 행동적 특성에 대한 정보가 수집돼야 한다.

한편, 소비자의 마음속에서 자사 상표가 경쟁 상표와 비교해 상대적으로 어떤 경쟁적 위치를 차지하도록 하는 마케팅 노력을 포지셔닝positioning이라고 한다.

기업은 자사 상표에 대해 최대의 경쟁우위를 제공할 수 있는 위치를 구축하기 위해서, 소비자들이 각 경쟁 상표를 어떻게 이해하고 있으며, 각 상표에 대한 선호도likeliness가 어떠한지에 대해 알고 있어야 한다. 즉 기업이 마케팅믹스에 대한 계획을 수립하기 위한 전제조건으로 관련 시장정보가 수집되어야 한다.

요약하면 먼저 거시적 환경 분석을 통해 시장의 트렌드를 파악하고, 둘째 SWOT분석으로 경쟁사 대비 자사의 강·약점과 시장에서의 기회와 위협적 요소를 분석하며, 셋째 강점과 기회를 살리는 금상첨화의 SO전략과 약점을 보완하고 기회를 살리는 WO전략을, 그리고 강점을 살리기 위해 시장의 위협요인을 극복하는 ST전략, 마지막으로 경쟁사 대비 약점을 보완하고 시장의 위협요소를 극복해야 하는 설상가상의 WT전략을 포함한 4개의 영업전략을 수립하며, 넷째, 영업전략에 대한 실행(안)을 도출하고 각 도출된 실행(안)에 대해 마케팅 전술을 실행하면서 영업과 마케팅을 융합하면 작금의 코로나 불황에 대한 최적의 솔루션을 제공할 수 있지 않을까.

2.1 감성마케팅

4차 산업혁명의 비즈니스 세계에서 요구하는 감성마케팅은 소비자의 기분과 정서에 따라 영향을 미치는 마케팅 전략의 한 방법이다. 4차 산업혁명이 제시하는 사물인터넷IoT: internet of things, 빅 데이터, 로봇, 인공지능AI: artificial intelligence은 고객의 감성을 얼마만큼 반영해 고객 니즈needs를 만족시킬 수 있는지가 성공 비즈니스의 필요조건이다.

2300년 전 어느 날 아리스토텔레스는 스승인 플라톤에게 “스승이시여!, 상호간의 소통을 위한 3가지 비법을 아시나요?”라고 질문하면서 다음과 같이 제시한다. 첫 번째로 화자의 신뢰를 표하는 Ethos로서 그 비중은 60%를 차지한다고 하며, 두 번째로 감성적 요소인 정서 즉 Pathos로서 비중은 30%를 차지하고, 마지막 세 번째 화자의 언변인 논리적 요소는 Logos로서 10%의 비중에 불과하다고 한다. 일면 논리적인 요소가 소통이 잘 된다고 할 수 있겠으나 이는 일방적 주장에 불과하다고 간주했던 것이다.

비슷한 시대 동양에서의 장자莊子는 상호간의 소통을 잘하기 위해 심재心齋의 방법을 제시한다. 심재는 마음을 재계齋戒한다는 것으로서 즉 마음을 비우라고 한다. 내 마음을 깨끗이 하고 상대방을 대하면 원활하게 소통할 수 있다고 한다.

심재는 내 뜻을 언어를 통해 귀로 전달하지 말고 마음으로 전달하는 것이며, 나아가 마음으로 전달하는 것을 넘어서 기氣로 전달해야 한다고 한다. 귀는 불완전한 청각에 의존돼 있고 마음은 자신이 좋아하는 것에만 반응하기 때문에 상대방을 설득하기엔 부족하다는 것이다. 고객과의 상담에 있어서 기의 소통, 이것이 장자가 바라던 소통의 방식이다.

"마음을 비우고 고객과 소통하라!"

UCLA 대학 메라비언Mehrabian 교수 역시 신뢰의 구축은 3가지 요소 즉 시각적 요소, 청각적 요소, 언어적 요소로 구성된다고 한다. 이 중 가장 큰 비중을 차지하는 시각적 요소는 55%를 차지하며 외모·태도·표정·눈빛으로서 평소에 자기관리를 시사한다. 38%를 차지하는 두 번째는 청각적 요소로서 남성의 경우에는 도, 레 수준의 첼로 사운드인 저음으로, 여성인 경우엔 미, 파 수준의 비올라 사운드인 중음으로 구사할 것을 주문한다. 마지막으로 언어적 요소인 말의 내용은 7%에 불과하다고 한다. 이 역시 장자나 아리스토텔레스의 주장과 일맥상통한다고 볼 수 있고 비즈니스에서 논리적 주장이 아닌 감성적 설득의 의미를 강조하는 역사적인 마케팅 시사점이다. 요약하면 2300년 전 서양의 철학자 아리스토텔레스는 감성에 기초한 신뢰를, 중국의 장자는 마음을 비우는 기氣로써, 그리고 현대의 메라비언 교수는 원만한 소통과 설득을 위해서는 언어적 요소가 아닌 감성에 기초한 시각적 요소와 청각적 요소를 주장하니 이는 시대와 동서양을 초월한 만고의 비즈니스 진리라고 볼 수 있다.

필자가 애용하는 박카스는 소비자의 감성을 자극하는 광고 카피로 '풀려라 피로!'와 스타벅스는 회장 하워드 슐츠의 창업 이념인 '커피라는 음식을 파는 것이 아니라 문화를 판다!'라는 행복을 주제로 감성마케팅을 펼치고 있고, 코카콜라의 경우엔 '차가운 자판기로 따뜻한 감성을 전합니다!'의 슬로건을 통해 자판기에서 콜라는 물론 꽃과 인형, 햄버거까지도 선사하는 캠페인은 감성마케팅의 단적인 사례이다. 고객만족을 넘어 고객감동까지 실현하는 비즈니스는 결국 감성적 설득을 위한 자사만의 문화적 요소를 어떻게 소비자와 소통할 것인가 이것이 핵심이다. 제품의 물리적 속성이 유사한 현재의 경쟁상황에서 과연 소비자 마음을 움직이는 감성마케팅 전략은 어떻게 수립될까.

2.2 고객 매출 두 배로 올려주는 감성 커뮤니케이션 전략

21세기 창조경영사회는 바야흐로 감성이 지배하는 시대로서, 노벨경제학상 수상자는 당연히 경제학자라는 인식을 깨고 2002년 노벨경제학상은 소비자의 구매행위를 심리학, 사회학, 인류학, 생리학적 관점에서 바라보고 그로 인한 행위 결과를 규명하려는 경제학의 한 분야인 행동경제학의 대가인 대니얼 커너먼 Daniel Kahneman 프린스턴대학 교수가 수상을 하게 된다. 커너먼 교수는 "소비자는 이성적이고 합리적인 것만을 추구해 경제적 관점의 합목적적인 소비행위를 하는 것이 아니라 심리적 요소에 의하여도 구매행위를 한다"라고 하면서 커다란 센세이션을 일으킨다.

틀framing 효과가 하나의 예가 될 수 있다. 여기 똑같은 제품 A와 B를 표현하면서 A라는 제품은 지방함유가 10%이고 제품 B는 무지방 성분이 90%라고 한다며 과연 구매의사 결정에 대한 선택은 어떻게 될까? 대개의 경우 제품 B를 선택한다고 한다.

필자는 이를 강연장에서 직접적으로 교육생들을 대상으로 조사한 결과 같은 결과를 발견한 바 있다. 이것이 바로 심리적 요소 즉 감성적 커뮤니케이션의 단적인 예로 볼 수 있을 것이다. 또한 대니얼 커너먼 교수는 전망 이론prospect theory에서 사람의 인지 가치는 비교 대상에 따라 다를 수 있고 이득보다는 손실에 훨씬 민감하다고 주장한다. 따라서 "손실은 합하고 이득은 나누라!"이다. 비즈니스의 관점에서는 계산서를 제시할 때에는 품목별로 제시하지 말고 총합으로 제시하는 것이 좋고 사은품 내지 판촉물은 적기에 시기별로 나눠서 제공하는 것이 유리하다고 커너먼 교수의 전망이론은 시사하고 있다. 이러한 추세는 고객과의 단순 소통에서 벗어나 감성 커뮤니케이션 시대가 각광을 받게 되었다는 것을 의미한다.

그러면 여기에서 감성으로 접근하는 영업전략에 대해 함께 알아보기로 하자. 산업화시대의 고객관리customer management에서 정보화 사회의 고객관계관리customer relationship management로 발전함에 따라 IT를 활용한 고객 DB를 바탕으로 해 개별화가 가능하게 된다. 이에 따라 회사는 고객의 구매기여도에 따라 고객을 차별화하여 관리를 하게 된다. 독자들도 주변 사람들과 비슷한 제품을 구매해도 구매가격 차이에 따라 나중에 실시하는 고객 사은행사에서 제공받은 사은품에서 차이가 있는 경우를 많이 볼 것이다. 이것이 바로 고객관계관리의 요체이며 최근 이를 발전시킨 모델이 바로 수요자 중심의 맞춤식 이케아 효과IKEA effect 이다.

스웨덴의 조립가구 이케아의 택배직원이 트럭에 마지막으로 의자를 실으려 했으나 공간이 부족해 지식근로자knowledge worker답게 의자의 다리를 분해해서 좁은 공간을 활용하여 신게 됐는데 여기서 착안해 개별소비자의 체형에 맞게 조립하는 것을 사내에 제안하고 형식지explicit knowledge화해 대박을 터뜨렸다고 한다. 이것이 바로 이케아 효과이다.

이제 CRM에서 감성커뮤니케이션의 발전 모델은 바로 CEM customer experience management이다. 여기서 키워드는 체험experience 이다. 무엇을 체험하는 것일까? 고객이 자사 제품과 서비스를 통해 무엇을 감지하는가? 고객니즈에 만족한다고 자사 제품에 대해서 느끼는가? 최선의 구매 선택이라고 생각하는가? 소비자의 라이프스타일에 맞는 구매행위인가?

닐 마틴Neale Martin에 의하면 소비자가 구매 후 평가에서 만족을 했어도 특별한 경우를 제외하고는 8%만이 이성적 구매를 하며 그 외에는 무의식적으로 구매하는 패턴을 보인다고 한다. 따라서 체험으로 고객 욕구를 만족시키는 체험 마케팅은 고객과

한층 더 돈독한 관계를 유지 발전시키게 되는데 이는 고객과의 감성적 휴먼터치가 필요함을 제시한다.

고객 관점에서는 마케팅의 콘셉트인 고객욕구needs 만족을 위해 최선을 다하고 있는가를 고객 접점의 매 순간마다 성찰하면서 고객을 순간에 감성적으로 만족킴으로써 매출을 두 배로 올리는 감성 커뮤니케이션이 마케팅의 시사점이다.

2.3 21세기 감성마케팅 시대의 고객 니즈별 차별화 전략

고객에게 감성적으로 접근할 경우 회사 및 개인유형에 따른 다양한 개성personality 때문에 상이한 고객 어프로치가 요구되는데 다음과 같은 전략적 대안이 필요하다. 회사별 니즈needs는 수익성, 이미지, 업무효율성으로 나눠지며, 개인별 니즈needs는 카리스마형, 자아실현형, 주변의식형, 상호협조형, 안전추구형, 무사안일형 등으로 분류해 볼 수 있다. 회사별 니즈 중 수익성 니즈란 고객이 자사 제품 및 서비스를 구매할 때 우선적으로 고려하는 것은 수익 증진에 있음을 의미한다. 따라서 이 경우의 소구 포인트는 재무적 이익 증진에 초점을 맞춰야 함을 시사한다.

이미지 니즈는 구매 목적이 회사 이미지 향상에 있으므로 소구 포인트는 대고객 이미지 향상에 관련된 가치로 설득해야지 그 밖의 제품적 요소의 어필appeal은 삼가야 한다. 이를 무시하고 제품과 관련된 장점을 소구하면 고객은 짜증을 내고 영업사원을 기피할 것이다.

업무효율성 니즈는 구매 목적이 재무적 이익이나 이미지 향상이 아닌 업무효율성 향상에 있으므로 제품 구입시 왜 신제품 도입이 업무적 효율성 향상에 기여하는지만을 소구하면 된다.

이와 같이 회사 니즈의 경우에는 언제나 거래회사의 관점에서 그들의 니즈를 실시간으로 파악해 니즈에 부합하는 제품의 특징을 장점으로 풀어서 설득해야 함을 시사한다. 예를 들어 경차의 특징이 작다는 것은 우리 모두가 주지하는데 영업사원 입장에서 제품의 특징만으로 '작아서 좋은 차'라고 설득하면 고객 니즈를 만족시키기는 어렵다. 따라서 작다는 특징을 고객관점에서의 장점으로 다음과 같이 소구해야 한다. 작아서 연비도 좋고, 주차 편의도 좋고, 세금도 저렴하고, 톨 게이트 비용도 할인되고 등이다.

다음으로 천차만별한 고객의 개인적 니즈에 대해 알아본다. 개인니즈 중 카리스마형은 일명 히틀러라고 불리우며 천상천하 유아독존형이다. 이의 대처는 너무 겸손하면 하대를 각오해야 하며 당당한 태도를 견지하면 완전 무시를 당하게 되기 쉬우므로 현명한 고객 대처의 요령은 중용中庸의 태도를 견지하는 것이라고 할 수 있다.

자아실현형은 '하면 된다'는 신념을 바탕으로 한 적극적이고 진취적인 행동의 소유자이다. 영업에서의 운運이라 함은 바로 이런 유형을 만나는 경우이다. 왜냐하면 본인의 신제품 구매 자체에 대한 니즈가 강렬해 소위 얼리 어답터early adopter로서 마치 영업사원이 자신의 비즈니스 파트너인양 협력자의 역할을 자인하면서 계약을 신속하게 진행할 것이기 때문이다.

주변의식형은 구매 자체의 행위에 대한 독자적인 권한이 있음에도 불구하고 회사의 결재부서인 총무과와 사용부서인 생산부서 등으로부터 적절한 구매행위임을 인정받으려 한다. 따라서 영업사원에게 있어서 총무와 생산담당자까지 직접 접촉해 자사 제품에 대한 구매 필요성을 소구해야 함을 시사한다.

상호협조형은 주변의식형보다 더욱 적극적으로 구매와 관련된 주변부서와 사전에 협의 과정을 거쳐 전면적인 합의하에 구매하기를 희망한다. 따라서 주변의식형과 마찬가지로 관련부서 전체를 접촉contact해야 하는 불편함을 시사한다.

안전추구형은 안전제일주의자로서 신제품의 혁신적 가치보다는 제품의 상태, 납기, 보증 등에 있어서 일반적인 결함claim 없이 안정적으로 진행되는 것을 요구한다. 따라서 제품 사용에 있어서 안정적이고 보편적인 측면을 소구해야 함을 시사한다.

무사안일형은 영업 프로세스에 있어서 절대적 일관성을 요구하고 상황의 변화와 제품사양의 변경을 거부한다. 예를 들어 제품의 사양 및 가격, 납기일, 보증기간 등 소구하는 내용에 일관되고 신뢰적인 면을 부가하게 됨을 시사한다.

3.1 코로나 19 시대에 살아남는 충성고객brand loyalty의 육성

21세기 창조경영사회가 요구하는 기업의 역할에 대해서 기업의 사회적 책임CSR을 통한 지속가능경영CSM에서 공유가치를 함께 창조하는 CSVcreating shared value사회가 본격적으로 대두되면서 이제는 ESG 경영이 화두라고 했다. 그러나 이를 실행하기 위해서는 기업의 1차 목표인 이윤 창출이 우선인데 이를 위해서는 얼마나 많이 충성고객을 확보하느냐가 기업 성장의 필요조건이다. 따라서 한 번 구매하는 고객을 많이 확보하는 것이 중요한 것이 아니라 지속적으로 반복구매가 이뤄지는 충성고객을 확보하는 것이 더욱 중요하다. 이를 위해서 과감한 마일리지, 캐시백, 포인트 적립 등으로 판촉 행사를 하는데 이는 마케팅 비용이 1/6밖에 들지 않으면서도 지속적 거래를 위한 고객관계관리CRM의 전략적 차원이라고 볼 수 있다.

필자가 세일즈 초년시절인 1986년에 고객상담에서 상투적이고 반복적인 어휘 구사에 실망을 느끼고 있을 때 서점을 방문해 손에 잡은 책이 바로 조 지라드Joe Girard의 저서들이다. 조 지라드는 '세일즈의 전설 또는 신화'로서 인구에 회자되며, 또한 세계 자동차 판매왕으로 12년간 세계 기네스북에 연속적으로 등재되는 전무후무한 세일즈 역사를 창조한 인물로서 세계에서 유일무이하게 명실상부한 세일즈 스쿨sales school을 운영하고 있다.

조 지라드의 충성고객 확보전략은 무엇일까? 대개의 경우 판매 후에는 고객에 대한 정성을 판매 전과 대비해 소홀히 하는 게 인지상정인데, 조 지라드는 오히려 구매고객에 대해 애정과 정성 그리고 사후서비스AS에 앞서 사전서비스BS로써 고객감동을 실현해 매일 3대 출고와 3대 계약으로 12년간 약 1만 3천 대의 경이적인 판매기록을 달성했다. 국내외 자동차 영업사원의 월평균 판매대수가 3.5대이니 세일즈 세계에서 전대미문의 대기록을 세운 것이다.

자기 분야에서 일가一家를 이룬 성공한 위인들은 득도得道한 경험이 있다고 그 누가 말했던가? 조 지라드는 고객관계관리 차원에서 결혼식과 장례식에 참석해 하객과 조문객의 숫자가 대략 250명이라는 것을 발견하면서 하늘을 우러러 '아 그래 이것이구나!' 하고 무릎을 쳤다고 한다. 깨달음을 통해 한 번 판매한 고객에게 고객 감동을 불어넣어 준다면 그 주변 사람 250명에게도 연고판매로 자동차를 팔 수 있다고 확신해 철저하게 고객의 프로파일러profiler가 돼 감동을 주게 된 것이다.

수년 전 아모레 퍼시픽 방문판매 사원 3만 4천 명 중 인천시 남구 주안동을 중심으로 활동해 판매왕을 차지한 강순임 주부의 영업 비결도 바로 조 지라드의 '250명의 법칙'을 벤치마킹했다고 한다. 감동받은 고객은 주변 즉 준거집단에게 조 지라드를 소개하고 조 지라드는 반드시 소개해준 버드 독bird dog에게 답례를 했다고 한다. 이 경우에도 그는 철저하게 고객의 입장을 헤아려 획일적이고 일률적인 돈이나 선물이 아닌 버드 독에게 소중한 것으로 마음을 담은 정성어린 선물을 한다. 필자의 아이가 저학년 시절에 아동용 디지털 카메라를 선물한 사람과 그 가격보다 10배 이상 비싼 양주를 선물한 선배의 감사함의 차이란 ….

선물 받은 날 아이가 디지털 카메라로 사진을 찍어 PC로 연결하면서 매우 기뻐하는 모습을 보면서 그 이후로 그분은 천사처럼 보이는 반면 별로 좋아하지 않는 술을 선물한 선배는 비싼 가격을 지불하면서도 고마움보다는 부담감을 가중시키는 역효과만 발생되는 경험을 한 적이 있었다. 조 지라드는 감사의 선물을 할 때도 진정 어린 마음으로 하게 되면 고객의 입장에서는 보통의 경우 귀찮아서라도 한두 번 소개하고 말 것을 마음으로 감동 받았으므로 지속적으로 소개를 해 주게 된다고 한다. 이것이 바로 조 지라드가 12년간 세계 기네스북에 자동차 판매왕으로 등극하게 된 연유인 것이다.

조 지라드는 가망고객을 고객으로 그리고 주변 인물 250명을 소개하는 버드 독bird dog으로 활용하니 이는 영업마케팅에 있어서 고객을 영업사원화해 영업 지원부서로 활용하는 것과 같고 따라서 당연히 타의 추종을 불허하는 그야말로 블루 오션blue ocean에서 유영하는 최고의 영업시장을 구축한 셈이다.

3.2 코로나 19 시대의 고객관계관리를 통한 고객자산 창출

필자는 강연 현장에서 21세기는 고객관리CM시대에서 고객관계관리CRM: customer relationship management의 시대이므로 가급적 고객관리라는 표현을 삼갈 것을 주장한다. CRM은 IT사회로 인해 고객 DB가 가능하기 때문에 고객의 구매 기여도에 따라 개별화된 관리를 하는 것을 말한다. 예를 들어 백화점에서 1만 명의 고객에게 판촉예산 1억 원을 책정했을 경우 CM시대에서는 획일적으로 1만 원씩을 나눠 줬다고 하면, CRM시대에서는 고객 DB에 저장돼 있는 구매 기여도에 따라 10만 원, 5만 원, 3만 원, 1만 원 등으로 차등 지급을 함으로써 궁극적으로 비즈니스 파트너십을 공고히 하게 되는 것이다.

아래에서는 CRM을 통한 실무적 접근의 마케팅 시사점을 도출해 보고자 한다.

첫째, 최초의 구매자에게는 지속적으로 자사의 제품광고에 노출시켜 본인의 구매의사 결정에 확신을 심어줌으로써 자사와의 유대관계를 더욱 더 돈독히 하는 CRM에 주력해야 한다. 이에 따라 소비자가 구매 선택한 자사 제품에 대한 인지부조화cognitive dissonance 현상을 감소시킬 수 있다.

둘째, 고객관계관리를 성실히 하기 위해서는 특히 사전서비스before service를 잘해야 한다. 이를 통해 충성고객으로 만들 수 있을 것이다. 캐시백, 마일리지, 포인트 적립 등이 바로 충성고객 확보를 위한 촉진전략이다.

또한 비용면에 있어서 신규고객 창출에 비해 1/6밖에 들지 않기 때문에 최적의 CRM을 실현하여 영업이익을 극대화한다.

셋째, 현장에서 즉시 처리하는 고객의 불만 관리를 하게 되면 기업은 충성고객으로의 전환점을 맞이하는 영업의 찬스이자 기회가 된다.

내비게이션의 선도적 역할을 자임한 I기업은 불평하는 고객들에 대해 적극적이고 능동적으로 대응해 감동시킨 결과 그들을 창조적 소비자cresumer로 전환시켰고, 그들이 제공하는 거리정보로 실시간 업데이트를 함으로써 최고의 업계 경쟁력을 구가하고 있었다.

넷째, 전환 예방관리를 위한 체계적 CRM으로 고객이 경쟁사로 전환하는brand switching 것을 사전에 차단할 수 있다. 고객이 불만을 하지 않는다고 해서 만족했다고 생각하면 큰 착각이다.

고객 중 96%는 불만족해도 불평하지 않고 말없이 다음 기회에 경쟁사 제품을 구매한다고 한다.

다섯째, 고객관계를 해지할 필요성은 도저히 고객이라고 할 수 없는 악성고객black consumer 또는 피곤한 고객에 봉착했을 경우에 대두된다. 이런 고객과 관계를 하게 되면 정신적·육체적으로 에너지가 낭비되고 경제적 기회비용의 큰 대가를 치러야 한다.

필자는 세일즈맨 시절에 친구로부터 소개받은 고객과 2시간에 걸친 상담을 하면서 소통의 어려움에도 불구하고 매우 힘들게 계약을 맺고 귀가를 했는데, 잠시 후 전화통화로 왜 르망 색상비 3만 4천 원을 받냐고 하면서 반복적으로 불평을 하길래 알았다고 하면서 전화를 끊은 후 그 친구에게 계약금을 돌려주라고 하고 계약을 해지한 적이 있다.

그래도 다행인 것은 만약 출고 후 자동차를 타고 다니면서 연비는 L당 ㎞ 수가 안 나온다, 소음이 있는 것 같다, 트렁크 용량이 실제는 작은 것 같다 등등 하면 필자에게는 기회비용만 발생하는 셈이 됐을 것이다. 친구를 통해 슬기롭게 계약을 해지했던 것을 지금 이 순간에도 잘했다고 생각된다.

마지막으로 CRM을 잘하면 경제적인 측면은 물론 정신적으로도 여유가 생겨 진정 상호간의 이익을 추구하는 에너지로 승화시켜 시너지synergy를 창출할 수 있다.

3.3 스마트 고객이 비즈니스를 망치고 있을지 모른다

고객관계관리customer relationship management의 연구에 따라 불만족 고객의 재구매율을 조사한 바에 의하면 전혀 불평을 하지 않는 고객의 재구매율은 9%에 불과하지만 불만족을 제기해 개선될 경우에는 재구매율은 54%에 이른다고 한다. 즉 불만족 제기는 또 다른 비즈니스의 기회가 될 수 있는데, 다음의 사례를 통해 마케팅 시사점을 제시하고자 한다.

'스마트 고객'이 당신의 업業을 망치고 있을지도 모른다!

"나는 스마트한 소비자입니다. 나는 어떤 종류의 서비스를 받을 때나 제품 사용에 있어서도 전혀 불평하는 법이 없습니다. 맛집에 갈 때에는 들어가 조용히 앉아서 종업원들이 주문을 받기를 기다리며 그사이 절대로 종업원들을 호출해 주문받으라고 요구하지도 않습니다. 종종 나보다 늦게 들어온 사람들이 나보다 먼저 주문을 받더라도 나는 불평하지 않습니다. 나는 기다리기만 할 뿐입니다.

그리고 무엇인가를 사기 위해 마트에 가는 경우 나는 고객의 권리를 주장하려고 하지 않습니다. 대신 다른 고객들에게 양보하고 사려 깊게 행동하려고 노력합니다. 구매를 쉽게 결정하지 못해 여러 물건을 놓고 고심하고 있을 때 접점에 있는 판매원이 무례하게 참견하더라도 나는 최대한 예의 바르게 행동합니다.

지난주 내가 가구점에 들른 적이 있는데 판매원은 한참이 지난 후에야 나를 발견하고는 중국산 제품을 설명하면서 요란을 떨었습니다. 그러나 내가 누구입니까? 니즈needs와 무관한 일방적인 제품 설명만을 들었어도 나는 절대로 갑질 행세를 한다든가 또는 불평을 하지 않고 그 가구점을 떠났습니다.

제공되는 서비스에 있어서 서비스품질servqual이 떨어지고 고객접점에서 서비스 직원의 MOTmoment of truth가 떨어진다고 해서 불평과 개선을 요구하지도 않습니다. 나는 그런 행동들이 개선되지도 않고 쓸데없다는 것을 알고 있기 때문입니다. 솔직히 나는 착한 소비자입니다. 여러분 내가 누구인지 궁금하십니까? 나는 바로 다시는 돌아오지 않는 '스마트 소비자'입니다.

불평이 없다고 해서 고객만족이 실현되었다고 생각하는 것은 오판이다. 고객에는 두 가지 종류가 있다. 만족 고객과 불만족 고객이다. 통계에 따르면 불만족 고객의 대부분이 불평을 직접 토로하지 않는다. 따라서 기업은 고객이 불만을 제기하지 않는다고 해서 그 고객이 만족했다고 상상하는 착각에서 벗어나야 한다.

위의 예는 소위 '스마트 고객'이 사업을 망칠 수 있다는 것을 단적으로 보여주고 있다. "떠날 때는 말없이, 말없이 가오리다" 라는 원로 가수 현미의 노래 가사와도 같이 불평이 있어도 그 불만을 털어놓지 않은 고객은 해당 기업의 제품과 서비스에 향후 무관심하겠다는 의미이다.

이 사실은 전략적으로 시사하는 바가 크다. 즉, 기업이 불만족 고객에게 불평을 제기할 통로를 제도적으로 제공하는 그 자체가 불만족 해소에 도움이 될 수 있다는 것이다. 토로된 고객 불평은 빅 데이터big data로서 아주 유용한 고객 정보이다. 고객들의 불평을 통해 기업은 고객의 잠재욕구potential needs를 파악하고 모니터링monitoring을 통해 맞춤식customizing으로 고객 만족을 최적화할 수 있기 때문이다.

지금까지 불만족 고객이 불평을 하는 것이 왜 중요한지를 알아보았다. 그러면 이제는 불만족의 고객들을 제품과 서비스의 생산 과정에 참여시킴으로써 고객 니즈를 반영하는 프로슈머prosumer와 고객 네트워크를 형성하고, 제품 사용 시 실시간으로 의견을 제기하는 창조적 소비자cresumer로 어떻게 전환시킬 것인가가 성공 비즈니스의 마케팅 시사점이다.

3.4 코로나 19, 조 지라드의 고객관계관리로 돌파하라

비즈니스의 원리 중 최종단계는 바로 비즈니스 파트너십을 추구해 고객자산가치를 확대하고 고객 각각을 개별화하는 고객 관계관리CRM: customer relationship management이다.

최근에는 CRM에서 CEMcustomer experience management으로까지 발전해 고객체험을 통해 제조과정에 대한 이해와 개입 그리고 맞춤형에 대한 니즈를 만족시키고 있으며, 특히 스웨덴의 조립식 가구 이케아 효과IKEA effect에 이어 최근에는 코카콜라의 '프리 스타일 머신', 유니클로의 '매직 미러'가 고객체험을 통한 영업성과 극대화에 주목을 받고 있다.

비즈니스 4단계인 CRM의 달인으로 세계 자동차 판매왕으로 무려 12년간이나 연속적으로 등극한 조 지라드Joe Girard를 들 수 있다. 앞에서 말했듯이 조 지라드는 고객의 결혼식 하객과 장례식의 조문객으로 다니면서 하객의 수와 조문객의 숫자가 대략

250명 정도인 것을 알게 되면서 "아, 한 사람 주변에 대략 250명 정도가 있구나!" 하고 하늘을 우러러 보면서 깨닫게 됐다고 한다. 이것이 바로 세일즈의 신화이며 전설인 조 지라드의 그 유명한 '250명의 법칙'이다.

조 지라드는 이러한 사실을 알고부터 차량을 구입한 고객에게 더 열정적으로 CRM을 하게 돼 고객은 크게 감동하게 됐다고 한다. 다른 영업사원들은 팔고 나면 전화를 걸어도 통화하기가 힘들다고 하는데, 조 지라드는 A/S는 기본이고 B/S before service를 철저히 함으로써 고객은 주변 사람 즉 준거집단reference group의 인물들에게 조 지라드를 소개하는 역할 즉 버드 독bird dog으로 전환되는 것이다. 조 지라드의 입장에서는 많은 고객들을 월급 없이 영업사원으로 활용하게 되는 것이다.

비즈니스 4단계에서 1단계가 신뢰 구축인데 이미 버드 독이 "내가 샀는데 조 지라드는 믿을 수 있어"라고 신뢰를 전달했고, 2단계의 고객상담 단계에서도 좋은 차라고 버드 독이 설득을 대신 했으므로 조 지라드는 바로 3단계에서 옵션만 정리하고 바로 계약을 체결했다.

이것이 바로 매일 '3대 계약 3대 출고'로 이어져 12년간 세계 자동차 판매왕으로 기네스북에 12년간 연속적으로 기록되는 전무후무한 세일즈의 역사를 창조한 조 지라드의 위대함 그 자체인 것이다.

자동차 영업사원 출신인 필자로서도 이것은 너무나 경이적인 일이다. 아니 불가능한 일이라고 할 수 있다. 필자의 자동차 최고판매 기록은 월 22대였었다. 그것도 단 한 달만. 필자의 시절인 1980년대엔 국내에서 자동차 판매왕의 월 판매 대수는 대략 50대로 보통 1~3년을 유지했는데, 지속적으로 정상을 차지하기에는 정신적 · 육체적으로 한계에 봉착한다.

조 지라드의 경이적인 기록은 감탄 그 자체이다. 그는 또 버드 독 관리를 철저히 그것도 고객의 프로파일러profiler가 돼 실행한다. 감동된 고객이 조 지라드에게 가망고객을 소개시켜 주는데, 고객이 이를 지속적으로 하기에는 정신적 · 시간적으로 비용이 들고 주변사람들의 자동차 구입에도 한계가 있으므로 적극적으로 소개시키기가 현실적으로 어려울 수도 있었을 것이다. 그래서 조 지라드는 버드 독에게 반드시 사례를 하게 되는데, 고객프로파일러가 되어 고객의 입장에서 효과적인 것으로 감사를 표시했다. 돈, 아이들 장난감, 부인 목걸이 등.

잠언에 "선물은 길을 넓혀 주고, 높은 사람들 앞으로 이끌어 준다"라는 말이 있다. 사람 마음을 움직이는 데 선물만큼 좋은 게 없고, 그것도 그에게 꼭 필요한 선물이라면 비즈니스 효과는 배가된다. 저성장 시대에 조 지라드의 고객관계관리CRM의 요체인 '250명의 법칙'이 우리에게 던지는 마케팅 시사점은 무엇일까?

3.5 옴니채널 시대의 금융업과 유통업의 고객관계관리

고객관계관리CRM이란 용어는 요즈음 상당히 많이 사용하는 반면 고객 만족CS이라는 단어는 이미 보편타당화돼 있다고 볼 수 있다. 그런데 어쩌면 고객만족과 CRM은 불가분의 관계에서 출발한다는 생각이 들기도 한다.

둘 중 어느 하나를 잘할 것인가, 둘 다 잘할 것인가 아니면 둘 다 못할 것인가? 이러한 것은 기업이, 비즈니스맨이 선택할 몫이라고 생각한다.

금융업의 CRM

그동안 CRM에 가장 큰 관심을 보였던 산업은 금융업이다. 그 이유로는 두 가지를 생각해 볼 수 있다. 먼저, 금융업에서는 제조업에 비해 상대적으로 제품 차별화가 어렵기 때문에 고객관계관리에 보다 더 정성을 기울일 수밖에 없었다.

다음으로 지금까지는 핀테크finance technology를 제외하고 대부분 고객과 직접 유통채널을 통해 접촉하기 때문에 CRM을 실행하기 용이했다.

은행, 증권사, 보험사 등 금융업체들은 자사의 지점이나 영업부서를 통해 고객과 접촉한다. 이런 직접적인 유통채널을 통해 실명화된 고객 데이터가 들어온다. 또한 고객에게 어떤 혜택을 제공하려고 할 때에도 개별 고객을 정확히 식별해서 전해줄 수 있다.

위에서 말했듯이 금융업계에서 먼저 CRM이 부각되게 된 이면에는, 금융업에서는 제품 차별화가 어렵다는 점이 작용했다.

금융업에서의 제품 포트폴리오portfolio 정책 실행은 금리나 기간 등의 몇 가지 조건을 조합한 것에 불과하다. 또한 정말 특별한 상품이 개발되더라도 경쟁사가 쉽게 모방할 수 있다.

결국 금융업에서 고객과의 관계를 강화하기 위해서는 고객에 대한 부가적인 혜택이 필요한 것이다. 그런데 금융업에서 부가적 혜택으로 고객에게 금전적인 혜택을 주는 것에는 한계가 있다. 따라서 비금전적인 혜택으로 승부할 수밖에 없다. 이때, 어떤 비금전적인 혜택이 필요할 것인가는 빅 데이터를 활용한 고객에 대한 철저한 모니터링이 요구된다.

유통업의 CRM

유통업에서 고객 확보에 가장 중요한 영향을 미치는 요인은 입지立地이다. 아무리 뛰어난 매장을 갖추었더라도 입지가 고객의 활동 영역과 다르다면 고객을 유치하기 쉽지 않을 것이다. 따라서 유통업의 CRM은 신규고객 개척의 측면보다는 기존고객의 유지와 개발에 초점을 맞추는 것이 바람직하다.

한편, 지금 대부분의 오프라인 유통업체들은 옴니채널 등 e-비즈니스 채널을 운영하고 있다. 따라서 오프라인과 온라인 채널의 통합된 O2O CRM이 반드시 필요하다. 오프라인에서의 우수고객이 온라인에서 홀대받아서는 곤란하다. 또한, 특별한 이유가 없는 한 온라인 매장과 오프라인 매장은 일관성을 갖는 것이 바람직하다. 만일, 온라인 매장과 오프라인 매장이 각각 다른 세분 고객을 목표로 시장을 세분화하고 머천다이징merchandising도 상이하다면, 이때는 온라인 브랜드를 오프라인 브랜드와 다르게 설정하는 것이 혼란을 예방할 수 있는 최적의 방법이다.

CRM을 실행하기 위해서는 일단 한 번의 구축 프로젝트를 겪어야 한다. 이 CRM 구축 프로젝트는 다양한 인력, 특히 많은 경우 외부 인력이 참여하게 되므로, 프로젝트를 효과적으로 관리하는 것이 쉽지 않다. 그렇다면 효과적 관리를 위해서 짚어봐야 할 포인트에는 어떤 것들이 있는가?

제 2 장

고객이 만족하는 비즈니스 프로세스

1.1 영업의 개념 '설득'

설득persuasion은 영업의 콘셉트이다. 고객 니즈needs를 만족시키는 마케팅과 달리 영업sales은 고객을 설득해 제품을 판매하는 것이다. 제품을 소구appeal하기 전 신뢰를 구축한 후 경쟁사 대비 자사 제품의 장점으로 설득시키는 것이다.

설득은 천차만별한 고객을 유형별로 분류하고, 그에 따라 상담 기법skill을 통해 고객 상담을 진행한다.

필자는 1980년대 B2C 세일즈맨 시절 상담 스킬을 배울 수 없어 주먹구구식의 일방적 설명으로 상담했다. 그래도 일부는 설명이 통해 계약을 체결할 수 있었지만 대부분 제품 설명 그 자체의 홍보로 만족해야 했고, 오후가 되면 말을 많이 하다보니 입에서는 단내가 날 정도로 매우 힘만 들었다.

그럼, 무엇이 잘못된 것일까. 자가 발전의 일방적 설명이 아닌 고객 니즈 파악을 위해 먼저 질문한 후 자사 제품 중 고객 니즈에 부합되는 장점만을 가지고 쌍방향으로 소통하는 것을 나중에 상담 스킬의 교육전문가가 돼서 알게 된다.

설명이 아닌 고객의 니즈를 파악하기 위해 먼저 질문하라. 그 이유는 고객에 따라 동일 제품을 구매하더라도 니즈는 각각 다르기 때문이다.

질문을 통해 고객 니즈가 5개이면 자사 제품의 장점이 비록 10개라 하더라도 니즈에 해당되는 5개만으로 설득해야 한다. 그러면 두 가지 측면에서 효율적이다. 첫째 시간을 절반으로 줄여서 좋고, 둘째 고객에게 필요한 장점만으로 소구하니 오히려 10개 모두를 소구한 것보다 고객 신뢰가 확실히 구축되며 간결하고 효율적이다.

그럼 질문은 어떻게 할까. 두 가지 방식이 있는데 개방질문과 폐쇄질문이다. 개방질문의 사전적 의미는 포괄적 표현이다. 예를 들어 "저희 회사 제품에 대해서 어떻게 생각하십니까?" 폐쇄질문의 의미는 한정적이다. 예를 들면 "저희 회사 제품 가격 500만 원은 어떠신지요?"

어떻게와 구체적인 가격 500만 원, 이것이 개방질문과 폐쇄질문의 차이다.

그럼 사용 시기는 언제일까. 우리가 일상에서도 누군가를 만나서 단도직입적으로 얘기하기보다는 서두로서 "그동안 잘 지냈습니까?"라고 하듯이 비즈니스도 사람을 상대로 하는 것인즉 기본적 원리는 같다. 만약 고객 첫 접점에서 "저희 제품 가격 500만 원을 어떻게 생각하십니까?"라고 묻는다면 고객은 당황할 것이다. 만약 "어떻게 생각하십니까?"라고 물었더니 고객이 스스로 니즈를 잘 표명한다면 맞장구로 대응하면 된다. 예를 들면

영업사원: "저의 제품을 어떻게 생각하십니까?"
고객: "가격이 저렴하면 좋을 것 같은데."
영업사원: "아, 네."
고객: "납기는 10일 이내면 좋고."
영업사원: "네, 그러세요."

이렇게 맞장구를 치면서 고객 니즈를 파악하고 해당 욕구에 부합하는 장점으로만 설득하면 된다. 그런데 고객이 니즈 표명을 안 한다면 어떻게 할까.

영업사원: "저의 회사 제품에 대해서 어떻게 생각하세요?"
고객: "다 거기서 거기지 뭐."

이렇게 개방질문으로 상담이 어려우면 폐쇄질문으로 하면 된다.

질문의 내용은 경쟁사 대비 자사의 장점으로 하는 것이 포인트다.

고객: "다, 거기서 거기지 뭐."

영업사원: "제품은 경쟁사 대비 가격이 50만 원 저렴한 것은 어떻습니까?", "보증기한은 경쟁사 대비 6개월 더 연장이 가능한데 어떠신지요?"

이런 방식으로 상담을 리드하는 것이다.

강의 중 질문하면 교육생 중 많아야 60~70% 정도만이 자사 제품의 지식을 체계적으로 알고 있다고 대답한다. 비즈니스맨에게 제품 지식은 운동선수에 비한다면 체력과 같다. 운동선수가 체력을 바탕으로 기술을 접목해야 경쟁 우위를 가지듯이 제품지식과 상담 스킬의 조화는 설득의 완성이다.

1.2 고객 접근approach

접근approach이란 영업사원이 인사, 자기 소개부터 스타트해 용건을 꺼내고 상담 분위기를 조성할 때까지를 말한다. 어프로치는 상담 성패를 80%까지 좌우한다고 일컬어질 정도로 중요성을 가짐과 동시에 15초라는 극히 짧은 순간에 신뢰를 받을 수 있는가 여부가 결정돼 버린다는 데 그 어려움이 있다.

고객은 스스로 어프로치 않으면 구할 수 없다. '멋진 만남'을 적극적으로 구하는 인간 그것이 세일즈맨이다. 인생은 만남에서 시작되고 그 만남에 의해 무한한 가능성이 생긴다. 세일즈맨이라는 직업이 멋진 점은 미지의 사람, 즉 보지도 못했고 알지도 못하는 사람에게 스스로 다가가 설득할 수 있다는 점이다.

어프로치라는 것은 세일즈맨이 가망고객prospect과 고객customer을 방문 상담하고 상대 이야기를 듣고 이쪽의 용건을 상대방에게 전하며 서로의 혜익을 추구하기 위한 것이다. 어프로치란 우선 인사로부터 시작되므로 큰 소리로 밝고 확실하게 상대의 눈을 보면서 웃는 얼굴로 하는 것이다.

세일즈맨이 가망고객의 저항이나 장애를 일단 극복하면 상대의 주의를 끌 수 있지만 아직은 한편으로 경계심과 의심을 품을 여지가 남아 있다. 가망고객의 '닫혀진 마음'을 여는 일이 훌륭한 어프로치가 된다. 가망고객이 의심스러운 듯한 태도와 납득이 가지 않는 듯한 행동을 보이면 제품의 상담을 일시 중단하고 질문을 하는 것도 좋다. 너무 열심히 제품 소구appeal에만 치중하다 보면 일방적인 강매와도 같은 인상을 줄 수 있으므로 오히려 역효과를 볼 수 있다.

질문의 목적은 고객의 니즈needs 파악을 위해서다. 가망고객이 자꾸 시계를 쳐다본다든지 전화 벨이 자주 울린다든지 내방객이 찾아왔다든지 하여 초조해 하고 있을 때나 길에서라든가 입구에 서서 이야기하는 건 그만두는 편이 낫다.

중요한 일은 세일즈맨의 이야기에 상대방의 주의와 관심을 집중시키는 것이다. 상대가 초조해하며 자리를 뜨고 전화를 받으러 간다든가 한다면 자리에 차분히 앉아 줄 때까지 기다렸다가 "오늘은 바쁘신 것 같으니까 내주 화요일 오후 2시께 찾아 뵙겠습니다"라고 클로징closing을 거는 쪽이 좋다. 세일즈맨에게 있어서 기존의 가망 고객은 고맙게도 재차 방문했을 때 푸대접을 하거나 문전박대를 하지는 않는다. 그러나 첫 회 방문은 70%가

문전박대이다.

첫 회 방문에서는 무엇보다 좋은 첫인상을 남기는 것이 중요하다. 그러기 위한 마음가짐으로 필요한 것이 다음 네 가지 사항이다. ① 첫 회 방문은 95%가 거절당할 것을 각오하라. ② 자기 자신을 알리고 회사의 PR임을 염두에 두어라. ③ 상황에 따라 가능한 한 빨리 단시간 내에 살짝 물러나라. ④ 흥미와 관심을 남기고 돌아가면서 다음 방문 일시를 약속하라.

거듭된 방문에서는 상대에게 제품의 특징이나 장점을 소구하고 인정받는 일이 필요하다. 그러면 재방문 시 주의할 점은 무엇인가. 재방문 시 주의할 점은 예의를 깍듯이 갖춘다. 너무 친한 듯이 행동하지 말고 정중한 인사를 한다. 상대의 이름을 부르고 상대의 관심과 걱정거리를 알아낸다. 상대방의 욕구에 부응하는 세일즈 포인트를 설명하고 주위의 사람들과도 친해진다. 도중에 질문이 있으면 정중하고 정확하게 대답하며 잘 모르면 실시간으로 지점이나 본사에 전화로 확실히 알아본 다음 대답하는 성의를 보인다.

사전에 고객상담을 약속하고 방문하는 경우 가망고객은 당신의 출현을 기다리고 있다. 방문 약속을 하면 곧 사전 준비를 하고 어떤 이야기 구성으로 상담해 나갈까를 생각하며 필승의 신념으로 전력을 집중시키지 않으면 안 된다.

1.3 고객 접근approach 기법 7가지

어프로치 기법에는 여러 가지가 있지만 여기서는 현장에서 사용하기 쉬운 것을 필자의 경험을 토대로 7가지만 소개한다. 너무 많은 기법을 구하기보다는 적당한 수로 원리를 완전히 체득한 후 필드field에서 천차만별한 고객의 니즈needs에 응용할 수 있는 편이 바람직하다고 생각하기 때문이다.

1. 칭찬 어프로치: "선생님께서는 소년소녀가장 돕기와 지역사회 문화 창달을 위해 봉사를 하신다는데 참으로 훌륭하십니다"라는 식의 요령이다. 진심을 담은 칭찬의 말은 첫 고객 접점에서 상대방의 경계심을 푸는 좋은 어프로치 기법이 될 수 있다.
2. 소개 어프로치: "실은 김동호 씨에게서 소개를 받고 왔습니다." 이런 식으로 소개받은 것을 계기로 접근하는 방법이다. 이런 경우에는 고객의 신뢰를 얻기도 쉬울 뿐 아니라 서로의 지인을 알고 있는 데서 공통의 친근감도 유발하

기 쉽다.

3. 질문 어프로치: "상호가 대망인데 혹시 대망교육회사 아닙니까?"하는 식으로 질문 어프로치를 해나가는 방법이다. 이런 경우에 질문은 사전에 준비된 것과 고객 상담 중에 깨달은 것 두 가지가 있을 수 있는데, 상대방의 답변을 계기로 상담을 리드lead하기가 수월하게 상담 초기에 하는 개방질문과 개방질문으로 더 이상 니즈 파악이 불가능할 경우엔 한정적으로 질문하는 폐쇄질문을 유기적으로 구사할 수 있도록 궁리해야 한다.

4. 조사 어프로치: "귀하의 자녀께서 학습 중인 공부에 대해 의견청취를 하고자 합니다"라고 어프로치하는 방법이다. 답변 내용을 참고로 판단해 설득에 찬스가 있을 듯한 경우는 자연스럽게 계약으로 유도할 수 있도록 평소에 상담 스킬selling skill을 연습해 둘 필요가 있다.

5. 제안 어프로치: "반드시 검토해 주실 만한 제안입니다. 10분간만 들어 주시기 바랍니다." 이런 식의 요령이다. 제안 내용에 소구 포인트sales point를 인상 깊고 간결하게 설득할 수 있도록 상담 스킬selling skill을 연습해 두는 것이 중요하다.

6. 증정품 어프로치: "고객님 미니카 수집가라는 소문을 듣고 당사에서 출품한 최신 승용차의 미니카를 하나 가지고 왔

습니다"라는 식의 접근이다. 신규처의 경우는 "학부모들로부터 호평 받는 유아들 사고력 증진을 위한 책입니다. 한 번 봐주십시오. 그런데..."라는 요령의 어프로치이다.

7. 단도직입 어프로치: 인사 후 "좀 서두르는 감이 있습니다만 유아들의 창의력 향상을 위한 교육과목을 소개하고자 찾아 뵈었습니다"라고 불쑥 상담으로 들어가는 어프로치이다.

[주의할 점]

① 몇 회고 되풀이해서 설명 또는 계약을 강요하지 말 것.

② 침묵하는 절제심도 가지면서 고객이 묵묵히 있으면 이쪽도 조용히 침묵하고 시간이 길어지면 고객의 가장 관심적인 내용을 질문 형식으로 물어보면서 상담을 리드할 것.

③ 상담 내용에 따라 너무 기뻐하거나 득의양양한 태도나 표정을 취하지 말 것.

④ 감사의 말을 잊지 말고 제품의 기능을 최적으로 활용할 수 있도록 안내할 것.

⑤ 클로징closing 후 될 수 있는 한 빨리 물러날 것.

⑥ 쓸데없는 말을 하지 말 것.

"고객이 잘 샀다, 계약하기를 잘 했다"는 만족감을 줄 수 있도록 어프로치 때 가졌던 초심初心을 잃지 않아야 지속적인 영업이 가능한 고객관계관리customer relationship management의 초석이 된다는 점을 명심해야 한다. 이것이 바로 세일즈의 전설 조 지라드Joe Girard의 '250명 법칙'과 주변 사람을 소개시켜 주는'버드독bird dog' 활용의 측면에서도 매우 유효하다는 사실을 비즈니스맨은 상시적으로 상기해야 함을 시사한다.

1.4 고객방문 프로세스

가망고객을 처음 방문할 때 자사 제품을 개략적으로 소개하는 것만으로 방문목적을 설정한다면 계약 유도 및 이에 상응하는 일체의 활동도 삼가고 다음 일정만을 약속해야 되는데, 이는 비즈니스 프로세스 4단계 중 1단계의 고객신뢰 구축과도 일맥상통한다.

이어 두 번째 방문 목적이 PTpresentation로 약속했다면 역시 계약을 유도하는 일체의 영업 활동도 삼가야 한다. 따라서 방문 단계별로 목적을 설정해 각각의 영업목표를 달성하는 스몰 스텝small step 방식을 택해야 하는데, 이런 방법으로 최적의 효율적인 방문 활동을 하게 되면 적절한 시기에 자연스럽게 계약을 체결할 수 있게 된다.

여기서 필자가 삼성메디슨에서 PACS디지털영상 전송장치 영업을 할 때 사례를 소개하고자 한다. 당시에 필자는 PACS와 DR digital-Xray 영업을 하면서 방문목적에 따라 체계적으로 영업을 진행했다. 우선 세분시장segment으로 200병상 내외의 규모와, 목표고객target으로는 원장 및 방사선 실장으로 자사인 메디슨과 제품의 개괄적인 면만을 소개하려고 했다.

이 시기에 경쟁사 대비 차별적 우위인 구체적인 가격, 조건 등의 포지셔닝positioning 전략을 실행하기 위한 구체적인 사항은 의도적으로 회피하고, 다음 약속을 요청했다. 왜냐하면 제품 관련 자료와 영상에 대한 소개만을 하고 다음 일정을 약속하는 것이 방문목적이었기 때문이었다.

이후 제품의 시연demo으로 다음 약속을 진행했고, 제품시연 과정에서야 가격과 설치기간 그리고 보증기한 등 제품과 관련된 구체적인 메디슨 PACS의 특징을 장점으로 전환해 소구했다.

시연 과정은 비즈니스 2단계에서 질문을 통해 고객 니즈를 파악하고 고객 니즈에 부합한 장점만을 소구해야 한다. 이때 한정된 시간에서 효율적인 설득을 위한 상담 스킬selling skills이 대두된다. 설득 후 구매과정에서 가격할인과 납기단축 그리고 보증기한 연장 등에 대한 '이견 도출'이 발생할 경우엔 비즈니스 3단계인 협상과정을 거치게 되는데 이 역시 '상호간의 win-win'을 위한 협상스킬negotiation skills을 필요로 한다.

여기서 잠깐 비즈니스 시사점을 제고해 보자. 영업사원의 입장에서는 비즈니스 2, 3단계 중 어느 단계에서의 계약체결이 영업이익을 극대화할 수 있고 구매자 입장에서는 몇 단계에서 구매하는 것이 바람직할까. 협상은 상호간의 이익을 추구하는 것이니 협상 자체는 좋지만 영업입장에서는 3단계에의 협상과정을 거치게 되면 가격할인과 납기단축으로 인한 오버타임 비용 지출과 보증기한 연장 등으로 인한 영업 손실을 초래하게 되니 2단계가 영업이익 극대화 실현으로 좋고 구매자 입장에서는 3단계에서 구매하는 것이 가격할인 등으로 이익을 더 가져갈 수 있어 좋다.

이후 본격적인 비즈니스가 시작되는 CRM고객관계관리 단계인 4단계로 진입하게 되고 충성고객brand loyalty의 확보와 준거집단reference group에게 소개해 주는 버드 독bird dog의 역할을 기대하게 돼 최적의 영업 환경을 조성하게 된다.

이와 같이 각각의 방문 일정에 따라 방문 목적을 설정하면 각 방문단계에 입각한 유효한 방문 목적을 달성하게 되고 체계적인 영업 일정으로 고객과의 신뢰 구축 그리고 인적 네트워크 관계를 돈독히 하게 됨으로써 궁극적으로 상호간의 이익을 추구하는 비즈니스의 진정한 파트너십을 형성하게 되는 것이다.

1.5 고객방문 시 포인트

1. 첫 회 방문 시 좋은 인상을 남기기 위한 조건

① 첫번째 방문에서는 95%가 거절당할 것을 각오하라!

② 자기 자신을 알리고 회사의 PR임을 염두에 둬라!

③ 상황에 따라 가능한 한 빨리 단시간 내에 살짝 물러나라!

④ 상대에게 꼭 필요한 제품이며 꼭 팔 수 있다는 마음가짐으로 방문하라!

⑤ 흥미와 관심을 남기고 돌아가면서 다음 방문 일시를 약속하라!

첫번째 방문에서 상대에게 좋은 인상을 주고 비즈니스맨과 제품에 흥미와 관심을 끌 수 있었다면 두번째부터의 방문은 순조롭게 이뤄질 수 있다. 거듭된 방문에서는 상대에게 제품의 특징이나 장점을 소구appeal하고 인정받는 일이 필요하다.

2. 재방문 시 주의할 점

① 예의를 깍듯이 갖춘다. 너무 친한 듯이 행동하지 말고 정중한 인사를 한다.

② 상대의 이름을 부르고 상대의 관심과 걱정거리를 알아낸다.

③ 상대방의 욕구needs에 응한 세일즈 포인트를 설명하고 주변 사람들reference group과도 친해진다.

④ 도중에 질문 있으면 정중하고 정확하게 대답하며 잘 모르면 본사에 전화로 확실히 알아본 다음 대답하는 성의를 보인다.

사전에 면담을 약속하고 방문하는 경우 가망고객prospect은 당신의 출현을 기다리고 있다. 방문약속을 하면 곧 사전 준비를 하고 어떤 이야기 구성story telling으로 상담해 나갈까를 생각하며 필승의 신념으로 전력을 집중시키지 않으면 안 된다.

"일전에 전화 드렸던 대망교육의 이소룡입니다. 본 상담에 들어가기 전에 두세 가지 여쭤 봐도 좋을까요?"라고 정확하게 세일즈 포인트를 잡을 수 있는 이야기를 유도하는 것이 필요하다. 말하고 싶은 것, 듣고 싶은 것들을 사전에 확실히 준비해두는 것이 성공의 포인트다. 비즈니스란 단순히 '제품을 파는 일'이 아니라 소프트웨어를 파는 일이다. 이 소프트웨어란 언어만으로 설명하고 호소하는 것보다는 제품을 직접 보여주고 데이터를 제시하는 식으로 상대의 5감(시각, 청각, 후각, 미각, 촉각)

전부에 호소하는 것이 중요하다.

필자의 경우 세일즈 초년 시절에 자사의 광고전단이나 언론에 보도된 기사 내용을 어프로치 북approach book에 정리해 상담 시 가망고객에게 해당 자료를 제시하니 옛말 그대로 '백문이 불여일견百聞而 不如一見이었다. 소프트웨어라는 것은 바꿔 말하면 고객의 욕구를 잘 듣고 그것을 이해하고 그 욕구에 유형, 무형으로 대응하는 일이다. 고객은 제품을 소유하거나 혹은 사용함에 의해 주어지는 메리트나 만족을 사는 것이며 제품 그 자체를 원하고 있는 것은 아니다. 세일즈맨은 고객의 욕구나 관심에 응해서 제품의 특징을 장점으로 전환해 설명해 줘야 한다.

현대는 고객 지향적 마케팅의 시대다. 제품을 만들기만 하면 팔리는 생산 지향적인 제품력 시대는 끝났다. 특히 이제부터 세일즈는 가격 대비 심리적 만족과 기쁨을 나타내는 가심비價心比의 실리를 팔 수밖에 없다. 결국 꿈, 쾌적함, 문화성, 안정 등을 어필해야 한다. 세일즈맨은 이야기꾼도 아니고 PR맨도 아니다. 가망고객과 만나는 것은 계약을 위한 것이다. 톱 세일즈맨과 평범한 세일즈맨의 차이는 계약의 기술에 달려 있다. 계약에 있어서 중요한 것은 '타이밍을 맞추는 일'이다.

그렇다면 어떤 상황이나 시점이 좋을까? 그것은 상대방의 심리에 의해 좌우된다. 억지로 밀어붙임으로써 고객이 싫어할 때도 있고 강제적인 압력이나 밀어붙임으로 상대가 사야겠다는 결심을 하게 되는 수도 있다. 비즈니스에 성공하기 위해서는 열정과 확신을 갖고 계약을 하지 않으면 안 된다. 가망고객은 제품을 갖고 싶다, 사고 싶다고 생각하면서도 망설이고 있는 것이다. 이 망설임을 계약으로 이끄는 것이 클로징closing이다.

2.1 인적 판매

인적 판매는 마케팅 믹스계획(4P)에서 촉진promotion인 광고, 홍보, 인적 판매, 판촉 중 하나이다. 최근에는 SNS와 같은 다이렉트 마케팅direct marketing을 추가해 총 다섯 개 요소로 구성된다. 인적 판매는 영업사원과 고객과의 직접적인 접촉을 통한 마케팅 커뮤니케이션 방법으로서 고객 접점에서 회사를 대표representative하는 중요한 역할을 한다.

인적 판매는 다른 촉진 전략과는 달리 쌍방향 소통에 의존하기 때문에 고객 상황과 정보에 대한 몰입도가 높은 편이며, 소비자의 라이프 스타일life style과 고객 니즈needs에 따라 소구 포인트appeal point를 유연하게 적용하는 것이 가능하다.

최저임금 인상이 시행되는 요즘에는 셀프 서비스의 판매가 많이 늘어나고 '아마존 고amazon go'와 같은 무인점포가 급증할 것이다. 하지만 자동차 등의 제품은 여전히 상당 부분을 인적 판매에 의존하고 있고, 상당수 제품의 물리적 속성이 유사한 지금은 영업력 시대를 만나 더욱 더 영업사원의 역할이 증대될 것이다.

세일즈란 개개인의 역량과 영업 스킬에 좌우된다고 하지만 근본적으로 중요한 것은 자신에 대한 긍정적인 사고를 바탕으로 끝까지 끈기를 잃지 않고 노력하는 '마음의 근력' 즉 그릿grit이 있어야 그 영업 스킬은 발휘된다고 본다. 회사가 치열한 경쟁에 처해 있을 때나 개인의 실적이 저조할 때 최선을 다하지 않는 사람, 나태한 사람 등 이런 유형은 세일즈에는 합당하지 않다.

더욱이 오늘날의 영업 현실은 냉엄하다. 회사의 판매 정책과 가이드라인, 상사의 의도를 이해하고 동료와 협업해 고객과 원만한 관계를 유지하고 스스로를 개발해 나가는 벅찬 일들이 계속되는 것이기 때문이다.

세일즈맨의 가져야 할 기본적인 자질, 즉 세일즈맨십을 구성하는 것은 무엇인가?

이는 바로 두뇌와 마음, 손과 발이다. 두뇌란 연구의 두뇌를 말한다. 세일즈맨은 마케팅을 인식하고 세분시장의 조사라든가 목표고객의 니즈 파악과 이에 따른 포지셔닝 전략에 대해 충분히 이해하고 마케터와 공감해야만 한다. 시장의 정확한 분석, 냉철한 판단을 가능케 하는, 생각하고 연구하는 두뇌가 있어야만 한다. 마음은 열정을 말한다. 열정 없이는 제품 경쟁력이 뛰어나고 경기가 아무리 호경기라 할지라도 실적을 달성할 수 없다. 그래서 실적과 열정은 정비례한다고 한다.

손은 기술자의 손을 가리킨다. 비즈니스맨은 세일즈 엔지니어로서 자신이 판매하고 있는 제품에 대한 구조, 품질, 성능, 내구성, 안전도 등에 대해 지식을 가지고 있어야만 한다. 경우에 따라서는 고객 불만이 발생할 때 즉시 뛰어들어 그 응급처치까지 할 수 있는 기술적인 제품 지식의 뒷받침이 필요하다.

마지막으로 발은 노동자의 발이라 생각할 수 있다. 여기서 노동자의 발이란 한편으로 건강과 체력을 의미한다. 때와 장소를 가릴 것 없이 고객의 필요성이 있고 구매력이 있는 곳이라면 서슴없이 가슴을 활짝 펴고 자신만만하게 들어갈 수 있어야 한다.

또한 경우에 따라서는 고객이 경쟁사의 영업사원과 계약을 결정한 상태라도 상표전환brand switching을 할 수 있다는 기백 넘치는 정신력과 기동력도 포함된다.

이렇게 비즈니스는 연구하는 두뇌, 영업의 정열과 욕심, 기술자의 손, 노동자의 발에 의해 성립되는 것이다. 비즈니스라는 직업에 스스로의 비전vision을 제시한다면 그것은 이미 인생의 성공을 위한 소위 인생의 패스포트를 갖게 되는 것이나 다름없다.

2.2 비즈니스맨 (I)

비즈니스맨이란 '제품이 갖는 가치와 서비스의 내용을 어떻게 저항 없이 고객에게 알리는가 하는 역할을 갖는 커뮤니케이터communicator'라고 할 수 있다. 고객이 제품을 구매할 때 영업사원은 보조자 또는 충고자로서 고객에게 도움을 주게끔 행동한다는 관점에서 세일즈맨의 역할이 제기되어야 할 것이다.

1. 제품가치를 올바로 전달

면밀한 시장조사와 제품기획에 의하여 제품을 생산했거나 또는 모처럼 가치 있게 제작했더라도 고객이 그 가치를 알아주지 않으면 아무런 소용이 없다. 고객이 자사 제품에 대하여 그 가치를 바르게 이해하고 그 효용을 인식하도록 제품과 고객의 중간에서 커뮤니케이터로서의 역할을 하는 것이 세일즈맨이다. 여기에서 우선 영업사원 자신이 제품을 올바르게 파악하고 제품의 효용을 고객가치에 입각하여 전달하는 기술이 몸에 배어 있어야 한다.

2. 수요를 창조

에스키모 사람한테 음식물의 동결방지나 실내에서의 보관 편의를 위하여 전기냉장고를 판매한 세일즈맨의 일화가 있다. 영업사원의 역할은 잠재화된 수요를 발견하는 것뿐만이 아니고 언제나 새로운 수요를 만들어내는 데 있다. 또한 자사 제품에 관심이 없는 사람에게도 구매 필요성을 느끼게 하고 적극적으로 수요를 창출해 나가는 창조적인 역할을 하지 않으면 안 된다. '수요는 존재하고 있는 것이 아니라 만들어 내는 것이다'라는 관점에서 영업활동을 해야 한다.

3. 철저한 시장조사

고객의 불만사항이나 요망사항은 그대로 다음 제품의 제조자료로서 중요한 역할을 한다. 그 외 경쟁사의 정보나 다른 회사 제품에 대한 평가 및 동향 등은 모두 다음 영업활동이나 마케팅 정책에 반영된다. 그러므로 아래에 열거하는 여러 가지 조사 사항들을 반드시 윗사람에게 정보로서 전달해야 한다.

① 자기회사가 취급하는 제품의 경쟁적 위치 조사: 지역별, 품종별, 기간별로 전체 동종제품 공급 수량 중에서 차지하는 자사제품의 시장점유율을 조사한다.

② 고객니즈 조사: 영업사원은 시장에서 다수의 고객이 좋아하는 제품이 무엇인가를 조사함으로써 동일한 노력으로 더 많은 결과를 얻을 수 있다.

③ 제품에 대한 고객의 불만 조사: 어떤 제품의 판매량이 하락할 때 그 원인을 분석하고 대책을 강구하여 불만을 해소한다. 이때 영업사원은 제품에 대한 어느 정도의 구조적인 지식을 가지고 불만 원인을 구체적으로 파악한다. 또한 조사 사항을 제품 개선에 반영이 되도록 조치를 취해야 하고 또 조치된 사항은 고객에게 통보해서 불만이 계속되지 않도록 해야 한다.

④ 경쟁사 제품에 대한 평가: 경쟁사가 새로운 제품을 개발 판매하거나 어떤 경쟁제품의 판매가 급격히 상승하는 경우에는 그 제품에 대한 시장조사를 하여 자사 제품이 받는 타격을 방지하는 대책을 강구하도록 해야 한다.

⑤ 품종별 시장규모의 분석: 어떤 품종에 대하여 자사의 점유율과 시장의 성장성을 파악함으로써 영업사원의 담당지역 territory에 대한 잠재수요량을 결정할 수 있다.

⑥ 수요예측: 시장조사의 주요 목적은 판매예측을 하여 장, 단기별 생산계획을 수립하는 데 있다. 시각적인 측면에서 시장

을 분석하면 현상분석과 장래예측으로 나눌 수 있다.

⑦ 고객층의 분석: 자사 제품의 판매시장에는 어떤 고객층이 있으며 또한 그 고객층은 발전하고 있는가 쇠퇴하고 있는가를 분석한다. 이를 제품별, 직업별, 연령별로 세분하여 고객층의 변화 상태를 조사한다.

⑧ 담당지역territory 내의 시장점유율 측정: 지역 내의 점유율을 측정하여 강한 지역과 약한 지역으로 나누고 그에 대한 비교분석을 통하여 약한 지역에 대한 프로모션을 강구하여 시장을 강화한다.

2.3 비즈니스맨 (Ⅱ)

비즈니스맨이란 '제품이 갖는 가치와 서비스 내용을 어떻게 저항 없이 고객에게 알리는가 하는 역할을 갖는 커뮤니케이터 communicator'라고 할 수 있다. 고객이 제품을 구매할 때 영업사원은 보조자 또는 충고자로서 고객에게 도움을 주게끔 행동한다는 관점에서 세일즈맨의 역할을 앞에 이어서 제기하고자 한다.

4. 회사를 대표

비즈니스맨은 고객을 방문할 때 이미 자기 회사를 대표하는 입장에 서게 된다. 상담을 할 때도 회사를 대표하고 있는 것이다. 따라서 영업사원이 약속한 사항에 대해서는 회사도 책임을 지지 않을 수 없을 것이며, 고객도 영업사원을 상대할 때는 회사의 책임자로 인식하고 상대하는 것이다. 영업사원에 대한 고객의 평가는 그대로 그 회사에 대한 평가로 이어지고 구전되며 이는 SNS social network service 시대에 회사의 운명을 좌우한다. 따라서 영업사원의 언행은 자기회사의 사회적 신용을 형성한다는 것을 인식해야 한다. 과거부터 미국에서 영업사원을 '레프리젠터티브representative' 즉 '회사대표'라는 명칭을 쓰는 이유가 여기에 있다. 대표이사나 부문장만 회사를 대표하는 것은 아니다. 이러한 사고방식은 벌써 구세대의 경영인식으로 뒤떨어져 있다. 회사는 개개의 비즈니스맨에 의해서 대표된다. 동시에 회사는 육성된 '영업전사'에 의해서 지속성장이 가능하게 된다. 회사의 중추는 역시 영업사원인 것이다.

5. 회사의 이익을 추구

회사는 1차적 목적인 적정한 이윤추구 여부에 따라 그 존속 여부가 결정된다. 그리고 존속을 해야만 제품 공급을 통해 이익 창출을 통한 공유가치 창출 즉 CSVcreating shared value가 가능하게 되는 것이다. 영업사원의 역할도 회사의 이익에 직접적으로 관련되기 때문에 더욱 중요시되지 않으면 안 된다. 그러므로 영업사원은 경영자의 시야에서 그 역할을 충분하게 인식해야 한다.

6. 적극성

마지막으로 성공을 약속할 수 있는 비즈니스맨의 조건을 생각해 보기로 하자. 앞서 언급한 바와 같이 비즈니스맨의 역할을 충분히 실행하기 위해서는 무엇보다도 정신적 측면의 성공이 있어야만 그 기술이 발휘될 수 있다. 결국 성공의 기본은 영업사원으로서 기본자세에 해당하는 적극적 사고방식이다. 적극적인 사람이야말로 비즈니스맨으로서도 톱 세일즈맨의 위치를 차지하며 사업가로서도 비약할 수 있고 세상사 만능인이 되는 것이다.

가장 중요한 것은 마음속에서부터 부정어를 없애는 것이다. 즉 고객의 니즈needs에 대해 부정하는 배타적인 마음을 없애라는 것이다. 고객 니즈를 부정한다는 것은 스스로의 비즈니스를 부정하고 실적 향상의 성장력을 헛되게 하는 것이다. 미국의 신발 상인과 영국의 신발 상인에 관한 이야기가 있다. 그들이 아프리카에 가서 시장을 조사할 때 영국 상인은 모든 아프리카인들이 신발을 신지 않고 맨발로 다니는 것을 보고 본사에 “가능성이 없다. 아무도 신발을 신고 있지 않다”라고 부정적인 전보를 친 반면, 같은 정경을 목격한 미국 상인은 “여기 아주 폭넓은 시장이 펼쳐져 있다. 아무도 신발을 신고 있지 않다”라고 전보를 쳤다고 한다. 결국 사물을 적극적인 사고방식에서 이해하고자 하는 개척적인 자세가 적극성의 중추가 됨을 잊어서는 안 될 것이다.

2.4 비즈니스맨 (Ⅲ)

성공을 약속할 수 있는 비즈니스맨의 조건을 계속해서 생각해 보기로 하자. 세일즈맨의 능력은 기술적인 것만이 아니라 다분히 정신적 측면의 성공이 있어야만 그 기법이 발휘될 수 있다.

결국 성공의 기본은 비즈니스맨으로서의 기본자세에 해당하는 사고방식, 인생관, 그리고 영업철학이다. 물론 비즈니스에는 상담기법, 협상기법도 필요하고, 미수금 회수의 기술도 필요하다. 고객불만 처리에도 능란해야 한다. 하지만 그러한 기법을 지탱하는 기본적인 정신적 측면의 성장이란 무엇을 말하는가. 그것은 바로 영업사원의 내면에 깔린 사고방식이며 각각의 사고방식에 있어서 성공을 약속하는 최대공약수를 찾자면 그것은 바로 적극성이다. 적극적인 사람이 비즈니스맨으로서 정상의 위치를 차지하며 사업가로서도 비약할 수 있는 사람인 것이다.

7. 마음속에서 부정을 없애라

첫째로 가장 중요한 것은 마음속에서부터 부정어를 없애는 것이다. 즉 소비자가 생각하고 있는 것, 고객이 말하는 것, 가망고객 행동 등에 대해 항상 부정하는 배타적인 마음을 없애라는 것이다. 가망고객을 부정한다는 것은 스스로의 영업역량을 부정하고 실적향상의 성장력을 헛되게 만드는 것이다. 그러한 마음속에선 질투심, 불신감 같은 감정이 넘치고 있다. 따라서 그 마음속에서부터 소생하고자 하는 강렬한 영업력이 저절로 쇠퇴해갈 수밖에 없는 것이다.

8. 변명하지 말라

두 번째는 마음속으로부터 변명하고자 하는 마음을 몰아내는 일이다. '내가 실적이 부진한 것은 상품의 다양성과 내용이 나빠서이고 판매조건이 나쁜 탓이다', '내가 톱 선생님이 못 되는 것은 지국장, 사업부장의 결재가 공정하지 못했기 때문이다', '지점이 실적이 오르지 못하는 것은 지점장, 본부장이 올바로 이끌지 못하고 또한 정상조건만 결재를 하기 때문이다' 하는 식으로 모든 현상의 불만을 타인에게 전가하는 비즈니스맨을 우리 주위에서 흔히 볼 수 있다.

이러한 약한 마음과 안이함을 몰아내지 않고서는 스스로 자신에 대한 판매를 할 수 없을 뿐만 아니라 성공할 수 있는 기본자세가 갖춰지지 않은 상황이다.

9. 운명 개척론자가 되라

과거의 판매가 부진했다고 좌절, 굴욕감 같은 패배에 빠져 장래에 대한 희망이나 기대를 잃어버리면 안 된다. 내 동료 영업사원 중에는 3개월간을 무실적 상태에서 보내다 다음 달부터는 서서히 판매 신장을 보여 입사 후 1년이 지나서는 10대 이상의 판매를 했다. 결국 영업은 자신이 생각한 대로 팔아야겠다는 신념을 갖는 것이 적극성의 기초가 되는 것이다.

10. 적극적인 비즈니스 포인트

적극적인 영업을 위한 포인트로 들 수 있는 것은 프로 정신을 몸에 익히는 것이다. 프로란 아무리 작은 일에도 전심전력을 기울임을 말한다. 사자는 토끼 한 마리를 잡기 위해서도 전력으로 질주한다. 우리 비즈니스맨은 월 활동의 스피드를 20% 정도는 올릴 필요가 있다. 방문하고, 상담하고, 고객카드 작성 등 모든 활동의 스피드를 높이는 것이다. 이것이 바로 계약을 20% 올리고 실적도 20% 증가시킬 수 있는 것이다. 다음으로 상대방의 이름을 기억하는 일이다. 비즈니스 세계에서 상대방 이름을 기억하지 못하는 것은 정신적인 태만을 의미하는 것이다. 또한 성공하는 영업사원은 남보다 한발 앞서 나간다. 1위, 2위의 차이는 스포츠 경기에서도 볼 수 있듯이 실로 몇 분의 1초 차이인 것이다.

시간의 중요성을 항상 염두에 둔 행동이 필요하다. 따라서 영업사원은 불특정 다수의 방문에 대해 지역의 특성과 위치를 평소에 파악하고 있어야 한다. 그리고 고객과 대화를 나눌 때는 항상 미소를 지으며 1 · 2 · 3 방식에 따르도록 한다. 1분 동안 말하고, 2분 동안 들으며, 3번 맞장구를 치는 것이다. 이것이 비즈니스 상담에 있어서 기본적인 자세이다.

제 3 장

영업마케팅의 융합(convergence)

1.1 비즈니스 4단계

비즈니스 프로세스는 [도표 1]과 같이 4단계로 나눌 수 있다.

1단계: 제품을 팔기 전에 '먼저 자기 자신을 세일즈하라!'

판매원이 어떤 신뢰도 보여주기 전에 나에게 구매만을 강요한다면 구매자의 입장에서 나는 구매하게 될까? 회피하게 될까? 아마도 후자 쪽의 답변이 많을 것이 자명할 것이다. 따라서 우선은 신뢰를 구축하는 것이 급선무인데, 그러기 위해서는 소위 말하는 첫 인상 즉 MOTmoment of truth관리를 하여야 한다.

고객에게 있어서는 회사의 로고, 고객접점의 부서원은 물론 심지어 청소부 직원의 일거수일투족까지도 서비스 인식에 영향을 미친다. 따라서 모든 임직원들은 우수한 고객관계는 일정 부서만의 대응이 아닌 전사적 차원의 서비스 정신을 함양해야 이루어질 수 있다는 점을 항상 숙지하고 있어야 한다.

도표 1　비즈니스 4단계

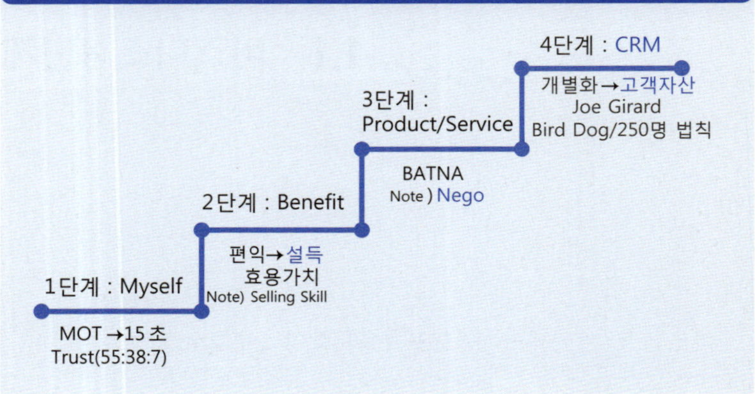

서비스에서 결정적 순간의 개념을 도입하여 성공한 모델은 스칸디나비아 항공사의 얀 칼슨Jan Carlson 사장이었다.

'고객을 순간에 만족시켜라!'

그는 「결정적 순간」*Moments of Truth*이라는 책에서 한 해에 천만명의 승객이 각각 5명의 스칸디나비아 항공사의 종업원과 접촉했다는 것을 강조한다. 1회의 응접시간이 평균 15초였다. 따라서 1회 15초라는 짧은 시간으로 1년간 5천만회 고객의 마음에 스칸디나비아 항공사의 인상을 새겨 넣은 것이다. 이 한순간 한 순간이 결국 스칸디나비아 항공사의 성공을 좌우하게 되기 때문에 전 사원들은 이 결정적 순간이 항공사 전체의 이미지를 결정한다는 사실을 인식perception해야 한다고 역설하였다.

이 결정적 순간의 개념을 도입한 칼슨은 불과 1년 만에 스칸디나비아 항공사를 연 800만 달러의 적자로부터 7,100만 달러의 이익을 내는 흑자경영으로 전환시켰다.

따라서 서비스에서는 접점point of contact에서의 결정적 순간을 파악하고, 그 결정적 순간에 발생하는 임팩트impact를 알고 대응방안을 연구해야 한다. 고객과의 접점에서 발생하는 결정적 순간이 중요한 이유는 고객이 경험하는 서비스 품질이나 만족도는 소위 곱셈의 법칙이 적용되며, 여러 번의 결정적 순간 중 한 가지가 나쁠 경우 한순간에 고객을 잃어버릴 수 있기 때문이다.

서비스 관리의 입장에서는 특히 최일선 직원들의 접객태도에 신경을 써야 할 것이다. 흔히 무시되기 쉬운 안내원, 경비원, 주차장 관리원, 전화 교환원, 상담 접수원 등 최일선 서비스 요원들의 접객태도가 회사의 운명을 좌우할 수도 있는 것이다. 따라서 전사적 차원에서 대고객 서비스 마인드의 유지·발전·강화는 아무리 강조해도 지나치지 않음을 영업맨은 특히 명심해야 할 것이다.

MOT라는 용어는 스페인의 투우용어로서, 투우사가 데리고 놀다가(?) 지쳐버린 소 등의 급소에 칼을 찔러 쓰러뜨리는 것으로 투우의 하이라이트를 장식하는데, 그 때 걸리는 시간이 15초라고 한다. 비즈니스의 경우에도 고객접점에서의 15초가 신뢰구축의 중요한 순간이라고 할 수 있다. 따라서 우리는 제품/서비스를 소개 또는 설명하기 전에 먼저 반드시 15초의 첫 인상관리로 신뢰를 구축하는 나름의 방법으로 마케팅 시사점을 찾아야 한다.

캘리포니아 대학교의 앨버트 메라비안Albert Mehrabian 교수는 55 : 38 : 7의 비율을 제시하고 있는데, 제품설명의 효과는 7%에 지나지 않으며, 38%는 영업사원의 목소리, 말씨, 크기, 이야기하는 속도, 톤 등 청각적 요소이고, 가장 중요한 55%는 외모, 태도, 눈빛 등 시각적 요소에 의하여 좌우된다고 하고 있다.

「성공하는 사람들의 7가지 습관」의 저자 스티븐 코비의 아들 스티븐 M. R. 코비Stephen M. R. Covey는 그의 저서 「신뢰의 속도」*The Speed of Trust*에서 신뢰가 높으면 업무의 속도가 빨라져서 효율적으로 업무를 수행할 수 있고, 따라서 비용은 최소화된다고 한다. 그는 전 세계 30여개국을 다니면서 자기 주장을 설파하고 있다. 3년 전 양재역 부근의 엘타워에서 조찬강연시 필자도 참석하여 그의 주장에 공감한 바 있는데, 1단계에서 바로 계약을 시도하지 않고 신뢰를 구축하는 것이 일면 업무진행이 더딘 것 같이 보이지만 일단 신뢰가 구축되면 그야말로 일사천리로 계약이 성사되고 진정한 파트너십이 형성되어 가장 효율적인 영업성과를 창출하게 되는 것이다.

필자는 이 대목에서 주 3~5회 자기가 좋아하는 운동을 30분에서 1시간 정도 규칙적으로 할 것을 교육 진행시마다 역설하곤 한다. 왜냐하면 일단 규칙적인 운동을 함으로써 심신건강에 좋아 일상의 삶이 최적상태에서 생활할 수 있고 이에 따라 원만한 대인관계로 고객관계관리가 절로 되니까 이야말로 일거양득인 셈이기 때문이다. 만약에 자기관리도 못하면서 어떻게 고객을 관리할 수 있겠는가! 언어도단, 어불성설이다.

실제로 필자는 10대부터 운동을 하였는데, 지난 30여년 동안 5년 정도 규칙적인 운동을 하지 못했던 때가 있었다. 그 때가 필자 인생의 방황하는 시기였던 것이다. 따라서 필자는 규칙적인 운동을 통하여 삶의 궤적을 돌아보고 마음을 다스리고 있다. 이와 같이 운동은 단순히 육체적인 건강추구 면에서뿐만 아니라 고객접점에서도 그야말로 심신훈련의 최고인 셈인 것이다.

2단계: 편익benefit으로 설득하라!

설득은 영업의 컨셉이다. 1단계에서 고객신뢰를 구축하였다면 제품설명에 국한하는 것이 아니라 고객의 가치를 창출할 수

도표 2 설득과 고객가치창출

- 고객가치창출 = Benefit ↑ & Cost ↓
- 고객(철학) = Lead + Initiative
- Needs → Potential Needs

있는 편익benefit으로, 예컨대 고객니즈를 만족시키는 자사제품과 서비스의 장점으로써 설명이 아닌 설득을 시켜야 한다.

고객가치창출이라 하면 편익을 최대화하고 비용을 최소화하는 것을 말한다. 이 때 비용은 구매비용은 물론 고객의 정신적 · 시간적 비용 등을 포함한다.

효율적이고 체계적인 고객상담을 위해서는 영업상담기법이 요구되는데, 이에 대해서는 2장에서 본격적으로 다루기로 한다.

3단계: 상호이익win-win을 추구하라!

우리가 기대하는 계약단계가 바로 협상을 통한 3단계이다.

비즈니스 3단계에서야 비로소 협상이 대두되는 계약시기인 것이다. 여기서 질문 하나를 제시한다.

3단계인 협상의 단계에서 계약을 체결하는 것이 최선일까요? 아니면 2단계인 상담의 단계에서 계약을 하는 것이 최선일까요?

정답은 2단계이다. 왜냐하면 고객상담만으로 설득되어 계약을 체결하면 영업이익의 극대화를 실현하는 것이 되기 때문이다. 영업이익의 극대화는 기업의 1차적 목적인 이윤창출을 위해서는 물론이고 궁극적으로 기업성장의 초석이 된다.

하지만 2단계에서 자사제품의 장점소구로 고객을 설득시켰지만 가격할인, 납기단축, 보증기한 연장 등으로 인한 이견이 발생하였다면 3단계인 협상에서 이를 타협하여 상호이익을 추구해야 한다. 협상은 상호간의 이익추구이므로 고객의 요구조건을 어느 정도는 수용해야 한다. 가령 가격에 대해 5% 할인을 요구하였는데 협상대안을 통하여 조금이라도 수용하게 되면 이게 다 영업손실이 되므로 영업이익에 영향을 미치게 된다. 그러므로 협상 자체는 좋지만 협상 없이 2단계에서 계약을 체결할 수 있다면 그것이 최상의 영업실적과 영업이익을 창출하는 것이다. 필자가 세일즈맨 시절에 실적은 좋은데 영업이익 측면에서 실속없는 영업을 하는 동료들을 볼 때면 안타깝기도 하고 연민의 정도 생기곤 하였다. 물론 실적에서의 자존심 싸움이라든지 회사 정책상 시장점유율 순위 다툼으로 영업이익을 포기하고 매출을 위해서만 영업을 할 때도 있는데 이는 예외적인 상황인 것이다.

협상과 관련된 구체적인 내용들은 3장에서 다루게 될 것이다. 협상 없이 2단계에서 계약체결을 할 수 있다면 영업이익측면에서는 최고의 성과를 거둔다는 것을 항상 명심해야 한다. 따라서 협상 자체는 좋지만 협상 없이 2단계인 설득단계에서 바로 계약을 마무리하는 것이 최적의 영업성과를 창출하는 것이다.

필자는 고객상담시 A4 용지에 제품내역과 계약조건을 써 내려가면서 동시에 설득을 하여 가급적 2단계에서 계약을 마무리하였다. 고객접점에서 말로만 설득하면 신뢰도는 10%, 자료로만 제시하면 50%, 동시에 두 가지를 활용하면 신뢰도는 80%라고 하니 참고하여야 할 것이다.

4단계: 고객관계관리CRM

비즈니스의 최종 단계는 바로 비즈니스 파트너십을 지속적으로 추구하여 고객자산 가치를 확대하고 고객 각각을 개별화하는 CRMcustomer relationship management이다. 최근에는 CRM에서 CEMcustomer experience management으로까지 발전하여 고객체험을 통하여 제조과정에 대한 이해와 애착 그리고 맞춤형에 대한 니즈를 만족시키고 있으며, 특히 스웨덴의 조립가구 이케아의 효과IKEA effect가 주목을 받고 있다.

비즈니스 4단계인 CRM의 달인으로 세계 자동차 판매왕으로 무려 12년간이나 연속적으로 등극한 조 지라드Joe Girard를 들 수 있다. 조 지라드는 고객의 결혼식의 하객과 장례식의 조문객으로 다니면서 하객의 수와 조문객의 수자가 대략 250명 정도인 것을 알게 되면서, “아, 한 사람 주변에 대략 250명 정도가 있구나!” 하고 하늘을 우러러 보면서 깨닫게 되었다고 한다. 이것이 바로 세일즈의 신화 또는 전설을 탄생시킨 조 지라드의 그 유명한 ‘250명의 법칙’이다.

조 지라드는 이러한 사실을 알고부터 차량을 구입한 고객에게 더 열정적으로 CRM을 하게 되어 고객은 크게 감동하게 되었다고 한다. 다른 영업사원들은 팔고 나면 전화를 걸어도 통화하기가 힘들다고 하는데, 조 지라드는 A/S는 기본이고 B/Sbefore service를 철저히 함으로써 고객은 주변 사람 즉 준거집단의 인물들에게 조 지라드를 소개하는 역할 즉 버드 독bird dog[1]으로 전환되는 것이다. 즉 조 지라드의 입장에서는 많은 고객들을 월급없는 영업사원으로 활용하게 되는 셈이다.

비즈니스 4단계에서 1단계가 신뢰구축인데 이미 버드 독이 "내가 샀는데 조 지라드는 믿을 수 있어"라고 신뢰를 전달했고, 2단계의 고객상담단계에서도 좋은 차라고 버드 독이 설득을 대신 했으므로 조 지라드는 바로 3단계에서 옵션만 정리하고 바로 계약을 체결하였다. 이것이 바로 매일 '3대 계약 3대 출고'로 이어져 12년간 세계 자동차 판매왕으로 기네스 북에 12년간 연속적으로 기록되는 전무후무한 세일즈의 역사를 창조한 조 지라드의 위대함 그 자체인 것이다.

자동차 영업사원 출신인 필자로서도 이것은 너무나 경이적인 일이다. 아니 불가능한 일이다라고 할 수 있다. 필자의 자동차 최고판매 기록은 월 22대였었다. 그것도 단 한 달만. 필자의 시

1 버드 독이란 직역하면 총으로 쏜 새를 물어오는 사냥개를 말하는데, 영업마케팅에서는 주변사람들을 소개시켜 주는 사람을 의미한다.

절엔 국내에서 자동차 판매왕의 월 판매대수는 대략 50대로 보통 1~3년 정도 유지하였는데, 지속적으로 정상을 차지하기에는 정신적 · 육체적으로 한계에 봉착하였다.

조 지라드의 경이적인 기록은 감탄 그 자체이다. 그는 또 버드 독 관리를 철저히 그것도 고객의 프로파일러profiler가 되어 실행한다. 감동된 고객이 조 지라드에게 가망고객을 소개시켜 주는데, 고객이 이를 지속적으로 하기에는 정신적 · 시간적으로 비용이 들고 주변사람들의 자동차 구입에도 한계가 있으므로 적극적으로 소개시키기가 현실적으로 어려울 수도 있었을 것이다. 그래서 조 지라드는 버드 독에게 반드시 사례를 하게 되는데, 고객 프로파일러가 되어 고객의 입장에서 효과적인 것으로 감사를 표시하였다. 돈, 아이들 장난감, 부인 목걸이 등.

잠언에 "선물은 길을 넓혀 주고, 높은 사람들 앞으로 이끌어 준다"라는 말이 있다. 사람 마음을 움직이는 데 선물만큼 좋은 게 없고, 그것도 그에게 꼭 필요한 선물이라면 효과는 배가 된다는 의미일 것이다. 필자의 아이가 초등학교 저학년 시절에 별로 호감가지 않는 사람으로부터 불가피하게 아이들용 디카를 불쾌한 감정으로 선물 받은 적이 있었다. 그런데 그 날 저녁 아이가 디카로 사진을 찍고 PC에 사진을 올리면서 기뻐하는 모습을 본 순간 그 사람이 필자에게는 그렇게 고마울 수 없는 존재로 탈바꿈되던 경험이 있다.

이러한 자연발생적인 인간미적인 힘이 바로 조 지라드가 버드 독을 활용할 수 있었던 원동력이 아닐까 여겨진다. 조 지라드는 자동차를 팔고 난 뒤 최소한 그 고객으로부터 5대 이상을 소개 받지 못했다면 자기의 영업방식에 큰 문제가 있다고 스스로 자책하여 자기성찰의 계기로 삼는다고 한다.

조 지라드의 '250명 법칙!'

우리에게 던지는 마케팅 시사점은 과연 무엇일까?

2.1 신규고객(A, B, C) 창출

필자는 10여년의 자동차 세일즈맨과 IT(PACS)영업부장으로서 영업현장에서의 B2C, B2B 영업실무와 마케팅의 이론을 융합하여 대학과 기업체에서 강의를 한 바 있다. 그때 필자는 [도표 3]과 같이 고객을 분류하여 각각의 고객에 대한 고객차별화전략에 대해 간단명료하게 실무적 접근을 하였는데, 이를 통해 마케팅 시사점을 도출하여 보기로 한다.

먼저, 잠재고객에 대해서 필자는 편의상 고객등급을 C급으로 분류하면서 도표와 같이 용어정의와 세일즈 시사점을 도출하여

도표 3 고객분류 및 CRM

구분	잠재고객(C급)	가망고객(B급)	고객(A급)
	한달 후 구입예정	한달 이내 구입예정	현재 사용중
CRM	1. Tel or SMS & SNS 2. D/M+E-mail 3. 여가방문	1. 주 1~3회 방문 2. Tel or SMS & SNS 3. D/M+E-mail	1. A/S→B/S 2. D/M+E-mail 3. Tel or SMS & SNS

보기로 한다. 잠재고객을 우선 순위로 하여 고객관계관리를 할 것을 필자는 주문한다.

첫 번째, 전화 소위 말하는 텔레마케팅인데 평소에 고객과의 끈을 놓지 말 것을 시사한다. 구입예정이 한 달 후이므로 영업 비용을 최소화하면서 관계를 비교적 쉽게 유지하는 비결이 핵심인데, 이를 위해선 SMSshort message service나 SNSsocial networking service를 최대로 이용하는 것이 좋을 것이다. 최근에는 델 컴퓨터가 트윗을 활용해 재고정리를 하고 있으며, 리바이스는 007시리즈를 방불케 하는 iSPY 이벤트를 하고 있는데, 트윗을 활용하여 30만명의 추가회원을 확보하여 마케팅 효과를 극대화하였다.

필자는 자동차 세일즈맨 시절 영업관할지역territory에 소재하는 자영업체를 6개월 동안 방문하여도 별 계약가능성이 없다고 판단하여 방문을 포기하였었다. 그로부터 2개월 후에 필자가 근무하던 당시의 부천영업소 선배가 계약을 하여 출고하는 것을 보고 무척 아쉬워 한 적이 있었다. 그러나 이를 반면교사로 삼아 잠재고객에 대한 CRM의 시사점을 도출하였다.

두 번째 잠재고객에 대한 관리순서는 D/M이나 E-mail을 활용하여 고객관계를 유지 · 발전하는 것이다. D/M은 필자의 경우 회사 차원에서 전달하는 것은 물론이고 추가적인 개인오더로 잠재고객에게 유용한 제품외적인 생활정보나 건강정보 등을 주기적으로 매월 발송하였고, 해당 잠재고객의 구매로 직접적으로 이어지지 않은 경우에는 대신 소개를 받아 자동차를 판매한 경험이 있다.

세 번째는 가망고객이나 고객을 방문하고 난 후 시간적 여유가 있을 때 주변에 잠재고객이 있다면 여가시간을 활용하여 방문하면 효율적인 영업관리 측면에서 금상첨화일 것이다. 그래서 베스트 비즈니스맨은 영업이라는 숲과 방문고객이라는 나무를 동시에 관리하는 균형적인 안목을 키워서 예정된 방문고객의 주변에 어떤 유형의 고객이 있는지를 상시적으로 살펴보아야 하는 것이다.

가망고객(B급)은 한 달 이내에 구입예정이 있는 고객이므로 주 1~3회의 빈번한 방문을 통하여 유대관계를 돈독히 해야 한다.

고객(A급)은 현재 사용 중이므로 사후 서비스A/S보다는 사전 서비스B/S에 치중하여 고객만족을 통한 고객감동에 주력해야 함을 시사한다.

2.2 충성고객brand loyalty 육성

충성고객!

지속적 거래와 버드 독bird dog 관리

21세기 창조경영사회가 요구하는 기업의 역할에 대해서 기업의 사회적 책임CSR: corporate social responsibility을 통한 지속가능경영CSM에서 공유가치를 함께 창조하는 CSVcreating shared value 사회가 대두되고 있다. 그러나 이를 실행하기 위해서는 우선적으로 기업의 1차 목표인 이윤이 창출되어야 하는데, 이를 위하여는 얼마나 많이 충성고객brand loyalty를 확보하느냐가 기업성장의 필요조건이다.

따라서 한 번 구매하는 고객을 많이 확보하는 것이 중요한 것이 아니라 지속적으로 반복구매가 이루어지는 충성고객을 확보하는 것이 더욱 중요하다. 이를 위해서 과감한 마일리지, 캐쉬백, 포인트 적립 등으로 판촉행사를 하는데, 이는 마케팅 비용이 1/6밖에 들지 않으면서도 지속적 거래를 위한 고객관계관리의 전략적 차원이라고 볼 수 있다.

필자가 세일즈 초년시절인 1986년에 고객상담에서 상투적이고 반복적인 어휘구사에 실망을 느끼고 있을 때 우연히 서점을 방문하여 손에 잡은 책이 바로 조 지라드Joe Girard의 저서들이다. 조 지라드는 '세일즈의 전설 또는 신화'로서 인구에 회자되며, 또한 세계 자동차 판매왕으로 12년간 세계 기네스북에 연속적으로 등재되는 전무후무한 세일즈 역사를 창조한 인물로서 세계에서 유일무이하게 명실상부한 세일즈 스쿨을 운영하고 있다.

조 지라드의 충성고객 확보전략은 무엇일까?

대개의 경우, 판매 후에는 고객에 대한 정성을 판매 전과 대비하여 소홀히 하는 게 인지상정인데, 조 지라드는 오히려 구매고객에 대하여 애정과 정성, 그리고 A/S에 앞서 B/S로써 고객감동을 실현하여 매일 3대 출고와 3대 계약으로 12년간 약 13,000대의 경이적인 판매기록을 달성하였다. 자기 분야에서 일가를 이룬 성공한 위인들은 득도得道한 경험이 있다고 그 누가 말했던가? 조 지라드는 고객관계관리 차원에서 결혼식과 장례식에 참석하여 하객과 조문객의 숫자가 대략 250명이라는 것을 발견하면서 하늘을 우러러 '아 그래 이것이구나!'하고 무릎을 쳤다고 한다. 깨달음을 통하여 한 번 판매한 고객에게 고객감동을 불어넣어 준다면 그 주변사람 250명에게도 연고판매로 자동차를 팔 수 있다고 확신하여 철저하게 고객의 프로파일러profiler가 되어 감동을 주게 된 것이다.

감동 받은 고객은 주변 즉 준거집단에게 조 지라드를 소개하고 조 지라드는 반드시 답례를 하였다고 한다. 이 경우에도 그는 철저하게 고객의 입장을 헤아려 획일적이고 일률적인 돈이나 선물이 아닌 그에게 소중한 것으로 마음을 담은 정성어린 선물을 한다.

앞에서도 언급하였지만 필자의 아이가 초등학교 저학년 시절에 아동용 디지털 카메라를 선물한 사람과 그 가격보다 10배 이상 비싼 발렌타인 30년을 선물한 사람의 감사함의 차이란~~~. 선물 받은 날 아이가 디지털 카메라로 사진을 찍어 PC로 연결하면서 매우 기뻐하는 모습을 보면서 그 이후로 그 분은 천사처럼 보이는 반면, 별로 좋아하지 않는 양주를 선물한 사람은 비싼 가격을 지불하였으면서도 고마움보다는 부담감만 가중시키는 역효과만 발생되는 경험을 한 적이 있다.

조 지라드는 감사의 선물을 할 때에도 진정어린 마음으로 하게 되면 고객입장에서는 보통의 경우 귀찮아서라도 한두 번 소개하고 말 것을 크게 감동받았으므로 지속적으로 소개를 해 주게 된다고 한다. 이것이 바로 조 지라드가 12년간 세계 기네스북에 자동차 판매왕으로 등극하게 된 연유인 것이다.

조 지라드는 가망고객을 고객으로 그리고 주변 인물 250명을 소개하는 버드 독으로 활용하니, 이는 영업마케팅에 있어서 고객을 영업사원화하여 영업지원부대로 활용하는 것과 같고, 따라서 당연히 타의 추종을 불허하는 그야말로 블루 오션에서 유영하는 최고의 영업시장을 구축하는 셈이다.

3.1 고객과 소통하는 감성 세일즈 (감성 커뮤니케이션)

21세기 창조경영사회는 바야흐로 감성이 지배하는 시대!
노벨경제학상 수상자는 당연히 경제학자?

그러나 2002년 노벨경제학상은 인간의 구매행위를 소비자 심리학·사회학·인류학·생리학적 관점에서 바라보고 그로 인한 행위결과를 규명하려는 경제학의 한 분야인 행동경제학의 대가인 대니얼 커너먼Daniel Kahneman 프린스턴대학 교수가 수상을 하게 된다. 커너먼 교수는 "소비자는 이성적이고 합리적인 것만을 추구하여 경제적 관점의 합목적적인 소비행위를 하는 것이 아니라 심리적 요소에 의하여도 구매행위를 한다"라고 하면서 커다란 센세이션을 일으킨다.

틀framing효과가 하나의 예가 될 수 있다.

여기 똑같은 제품 A와 B를 표현하면서, A라는 제품은 지방함유가 10%이고 제품 B는 무지방성분이 90%라고 한다면 과연 구매의사결정에 대한 선택은 어떻게 될까? 대개의 경우, 제품 B를 선택한다고 한다. 필자는 이를 강연장에서 직접적으로 교육생들을 대상으로 조사한 결과 같은 결과를 발견한 바 있다. 이것이 바로 심리적 요소 즉 감성적 커뮤니케이션의 단적인 예로 볼 수 있을 것이다.

또한 대니얼 커너먼 교수는 전망이론prospect theory에서 사람의 인지 가치는 비교대상에 따라 다를 수 있고 이득보다는 손실에 더 민감하다고 주장한다. 따라서

손실은 합하고 이득은 나누라!

영업의 관점에서는 계산서를 제시할 때에는 품목별로 제시하지 말고 총합으로 제시하는 것이 좋고 사은품 내지 판촉물은 적기에 시기별로 나누어서 제공하는 것이 유리하다고 커너먼 교수의 전망이론은 시사하고 있다.

이러한 추세는 단순 소통에서 벗어나 감성커뮤니케이션 시대가 각광을 받게 되었다는 것을 의미한다. 그러면 여기에서 감성으로 접근하는 영업전략에 대하여 함께 알아 보기로 하자.

산업화시대의 고객관리CM: customer management에서 정보화사회의 고객관계관리CRM: customer relationship management로 발전함에 따라 IT를 활용한 고객 D/B를 바탕으로 하여 개별화가 가능하게 된다. 이에 따라 회사는 고객의 구매기여도에 따라 고객을 차별화하여 관리를 하게 된다. 독자들도 주변 사람들과 비슷한 제품을 구매하여도 구매가격차이에 따라 나중에 실시하는 고객 사은행사에서 제공받는 사은품에서 차이가 있는 경우를 많이 볼 것이다. 이것이 바로 고객관계관리의 요체이며, 최근 이를 발전시킨 모델이 바로 수요자 중심의 맞춤식 이케아 효과IKEA effect이다.

스웨덴의 조립가구 이케아의 택배직원이 트럭에 마지막으로 의자를 실으려 했으나 공간이 부족하여 지식근로자knowledge worker답게 의자의 다리를 분해해서 좁은 공간에 싣게 되었는데, 여기서 착안하여 개별소비자의 체형에 맞게 조립하는 것을 사내에 제안하고 형식지explicit knowledge화하여 대박을 터트렸다고 한다. 이것이 바로 이케아 효과이다.

이제 CRM에서 감성커뮤니케이션시대의 발전모델은 바로 CEMcustomer experience management이다. 여기서 키워드는 체험experience이다. 무엇을 체험하는 것일까?

고객이 자사 제품과 서비스를 통하여 무엇을 감지하는가?
고객니즈에 만족하다고 자사 제품에 대해서 느끼는가?

최선의 구매선택이라고 생각하는가?

소비자의 라이프스타일에 맞는 구매행위인가?

고객관점에서 마케팅의 컨셉인 니즈needs만족을 위하여 최선을 다하고 있는가를 고객접점의 매 순간마다 성찰하면서 순간에 만족시켜야 하는 것이 감성커뮤니케이션에 있어서 마케팅의 시사점이다.

3.2 세일즈 패러다임의 트렌드

체험마케팅

우리는 "고객만족을 추구하는 저희 기업은 ……"라는 광고 카피를 많이 접하게 되는데, CScustomer satisfaction추진본부에서의 사명은 역시 고객만족과 불만족을 잘 처리하는 것이 최고의 임무이다. 이제 시대는 CS에서 CH로 전환하는 패러다임의 변화를 맞이하고 있다. 즉

고객체험에 의한 고객만족을 통한 고객감동의 실현!

닐 마틴Neale Martin에 의하면 소비자가 구매 후 평가에서 고객만족을 하였다 하더라도 특별한 경우를 제외하고는 8%만이 이성적 구매를 하며, 그 외에는 무의식적으로 구매하는 패턴을 보인다고 한다. 따라서 체험으로 고객욕구를 만족시키는 체험마케팅은 고객과 한층 더 돈독한 관계를 유지·발전시키게 되는데,

이는 고객과는 감성적인 휴먼터치가 필요함을 시사한다.

이를 잘 활용한 사례로는 고객의 체형과 주문에 맞게 가구를 조립하는 과정에서 고객과의 감성커뮤니케이션을 바탕으로 하고 있는 스웨덴의 조립가구 이케아의 효과를 들 수 있고, 이는 또한 우리에게 벤치마킹의 메시지를 전달한다.

3.3 아리스토텔레스 소통 3 법칙

감성설득을 위한 소통 커뮤니케이션

설득은 영업의 컨셉이다. 영업에서 한 일가를 이룬 사람은 '정글의 법칙'에서도 생존하는 비법을 터득했다고 할 수 있을 것이다. 필자의 생각으로는 생면부지인 남을 설득시켜 나의 제품과 서비스를 판매하였다고 하는 것은 그 무엇도 할 수 있다는 열정과 강력한 도전정신을 통한 자신감의 발로로부터 비롯되었다고 생각한다.

현대자동차는 2008년 미국 소비자들에게 다음과 같이 감성 마케팅을 실시하여 대박을 터트린다.

구매 후 실직하면 회사가 다시 구매한다는 '실직자 보장 프로그램'으로~~~

도요다와 혼다가 기껏해야 무이자 할부로 판촉행사를 실시하고 있을 때 현대가 위와 같은 감성마케팅을 하였으니 미국의 가망고객들이 어느 기업에게 감성적으로 소통이 되었겠는가?

프린스턴 대학의 한 연구 결과에서 감성이 지배하는 측면에서 볼 때 웃음에 대한 평가는 다음과 같다고 한다. 시종일관 웃음으로 판매하면 목표의 3~10배의 실적을 달성하게 되고, 고객접점에서 무표정으로 고객을 대응하면 실적향상이 거의 나타나지 않는다고 한다. 이로부터 SERVICE에서 S는 곧 Smile이고, 웃음이 실적에 얼마나 큰 결과를 가져오는지를 알 수 있다.

최근의 경영의 트렌드도 웃음경영과 유머경영이 대두되고 있는데 다 이와 같은 맥락이라고 하겠다. 그러나 너무 자주 웃으면 의학계에서는 실성한 사람으로 간주한다고 하니 과유불급이라고 할 수 있겠다. 고객이 여성인 경우는 특히 분위기로 구매한다고 하니 미소, 유머로 오감을 만족시켜야 하지 않을까!

또한 어떻게 하면 재미있게 자사 제품과 서비스에 대하여 스토리텔링story telling을 할 것인지를 연구해서 소구appeal포인트를 개발해야 한다. 21세기는 제품력에 있어서 물리적 속성이 거의 비슷하고 영업력에 있어서도 역량을 발휘하는 면에서 유사할 뿐만 아니라 서비스 제공도 표준화되는 추세이므로 이성적 구매를 하는 소비자는 5%에 불과하다는 연구도 있으니 더욱 더 시사하는 바가 크다.

감성마케팅의 효과는 다음과 같다. 즉 제품력의 한계를 극복할 수 있고, 브랜드의 약점을 보완할 수 있으며, 경쟁사와 대비해서 불리한 판매여건을 극복할 수 있고, 고객관계관리의 지속성을 담보하여 주변 사람들에게 추천을 받을 수 있는 버드 독bird dog으로의 활동도 기대할 수 있다.

고객의 구매요소 네 가지라 할 수 있는 영업사원의 호감과 열정 그리고 체험과 그에 대한 스토리텔링을 어떻게 구성하느냐가 결국 세일즈 성공의 관건인 셈이다. 호감에 있어서, 현대백화점은 판매원들의 MOT를 위하여 점을 빼주거나 스케일링 등을 제공하기도 한다. 삼성생명은 고객 눈높이에 맞춘 복장을 갖추게 함으로써 첫 인상 관리를 극대화한다. 인적차별화 영업전략으로 성공한 푸르덴셜보험회사는 설계사들의 외모를 관리하여 상담고객의 수준에 어울리는 맞춤식 복장을 하도록 하고 있다.

열정이라는 측면은 4년 연속 세계 최고의 공항으로 자리매김한 인천국제공항공사의 이채욱 사장의 「열정」이라는 책과 조그만 지방 소도시의 약국을 육일약국으로 발전시킨 김성오 메가스터디 엠베스트 대표의 「육일약국 갑시다」라는 책에서 확인할 수 있을 것이다. 두 분 다 필자가 직접 강의를 들었기 때문에 열정에 대한 설명을 책의 추천으로 대신하고 싶다.

감성적으로 소통하는 데 있어서 눈은 서로를 관통하고 입으로는 소통하고 귀로는 대통하고 손은 능통하여야 한다고 한다. 시선은 마주 보아야 하는 아이 컨택eye contact이고, 입으로 쌍방향으로 미소를 머금으면서 통하고, 상대방의 말을 더 많이 들어주어 크게 통하고, 손으로는 제품과 그에 대한 각종 자료를 능수능란하게 제시하여야 함을 시사한다.

아리스토텔레스는 소통을 잘 하기 위한 방법으로 다음과 같은 세 가지를 제시한다.

1. ethos: 화자의 성품, 즉 먼저 고객에게 신뢰감을 구축하고
2. pathos: 정서적 요소로 상호간의 공감대를 불러 일으키고
3. logos: 논리적 근거로써 타당성을 제시해야 한다고 한다.

영업의 컨셉인 설득! 이제부터 감성설득의 시대가 본격적으로 도래하는가?

4.1 세일즈 역량강화를 위한 영업전략(SWOT) 수립

필자는 SWOT분석을 통하여 교육생들이 현재의 실무적인 상황을 감안한 영업전략을 수립하여 발표하게 하고 교육생 전체와 서로 공유 및 검수하게 함으로써 본인 업무에 대한 실무적 접근

도표 4　폭스바겐의 SWOT분석

내부 / 외부	Strength	Weakness
	1. 서비스 네트워크 2. 강한 영업력 3.	1. 한 제품의 의존도 2. 3.
Opportunity 1. 고객니즈 다양화 2. 경쟁사 경영악화	생산라인의 다양화	다양한 모델 개발
Threat 1. 불경기 2. 경쟁현황 치열	디젤엔진 개발	US 시장 철수

의 마케팅 시사점을 도출하여 본다. 그리고 취업을 앞둔 대학생들에게는 취업전략을 필자의 경우에는 때때로 인생전략 수립의 도구로 활용하기도 한다.

SWOT분석은 자사 및 경쟁사의 강·약점 분석과 기업 외부에서 일어나고 있는 환경변화를 종합적으로 정리하여, 자사가 처한 기회와 위협요인(들)을 일목요연하게 제시하는 방법이다.

먼저 경쟁사 대비 자사 제품과 서비스의 강점strength과 약점weakness을, 그리고 외부적 요인의 기회opportunity와 위협threat을 기입하게 한 후 이를 토대로 전술적인 영업전략 수립을 하게 된다.

기회요소에서 자사의 강점을 어떻게 최대한 활용하여 매출극대화라는 성과를 창출할 것인지에 대한 구체적인 마케팅 전술에 대한 시행안을 작성하게 한다. 예를 들어, 폭스바겐의 실제사례에서 보면 다양한 소비자의 니즈라는 기회요소를 자사의 강력한 영업력의 강점으로 삼아 생산라인을 다양화했다. 또한 디젤엔진을 개발하여 자산의 강점인 영업력을 발휘하여 위협적 요소인 불경기를 극복하였다.

또한 다양한 니즈의 기회요소에서 폭스바겐은 한 제품beatle에 의존하는 약점에서 다양한 모델을 개발하여 고객관계관리를 통한 고객자산을 창출함으로써 매출신장을 도모하였다. 그리고 한 가지 제품에만 의존한다는 약점과 불경기라는 위협적 요소에서는 미국시장에서 철수함으로써 기회비용을 최소화하는 전략을 통하여 자본잠식을 피할 수 있었다.

이러한 실제사례를 먼저 제시하여 직접 작성하게 한 후 발표, 공유, 보완하는 순으로 진행을 하며 이를 통하여 전략수립의 어려움과 스트레스를 관리하게 한다. 따라서 필자는 제일 먼저 전략적 마인드를 위한 슬로건을 다음과 같이 제시한다.

No Problem, No Biz!

비즈니스 즉 직장이 없다면 전략을 수립할 기회조차 없는 것이다! 전략수립은 일정 부분 고통을 감내해야만 한다. 하지만 직업 자체에 대한 감사한 마음을 가져야 한다는 인생의 깊은 뜻을 또한 내포하고 있는 것이다.

제4장

감성적 고객상담기법

Business Guide

1.1 가망고객을 사로잡는 감성어프로치 화법

2.1 고객 성격유형별 설득전략

3.1 셰리프의 사회판단이론 1 — 수용하는 고객의 대처전략

3.2 셰리프의 사회판단이론 2 — 무관심 고객의 대처전략

3.3 셰리프의 사회판단이론 3 — 기각고객의 대처전략

4.1 감성적으로 접근하는 고객니즈별 차별화전략

4.2 방문목적에 입각한 세일즈 프로세스

1.1 가망고객을 사로잡는 감성어프로치 화법

필자는 2000년 경 인천광역시 부평구에 소재한 부평역 민자역사 상가분양을 담당하는 여직원으로부터 다음과 같은 전화를 받는다.

상담원: 안녕하세요, 부평민자역사 아시죠?

필　자: 네

상담원: 돈 있으시죠?

필　자: 왜요!

상담원: 아, 지금 상가 선착순 분양하는데요~~~

필　자: 돈 없습니다.

상담원: 네, 알았습니다.

이게 그 당시 상담내용의 대강 줄거리이다. 이 전화를 받으면서 필자는 매우 안타까워 한 적이 있었다.

그럼 여기서 상담원이 제대로 된 텔레마케팅telemarketing을 하려면 어떻게 해야 하는 것인가?

먼저 마케팅의 컨셉인 고객니즈needs로 일반적인 욕구를 자극해야 한다.

상담원: 재테크에 관심 있으시죠?

왜냐하면 돈 벌기 싫어하는 사람은 없고, 따라서 일반적으로 돈 벌고 싶어하는 욕구인 니즈 즉 재테크에 있어서는 예나 지금이나 민자역사 상가분양은 큰 관심거리이기 때문이다.

이렇게 가망고객에게 뭔가를 판다는 상담분위기로 경계심이나 신경질적인 반응을 유도하기보다는 상담원인 본인에게 필자가 끌려가게끔 즉 영업에서 요구되는 흡인력을 발휘해야 한다. 그러면 필자는 이러한 반응을 보이게 될 것이다.

필자: 아~, 그게 뭡니까?

이렇게 관심을 표명하게 되고 필자가 상담원에게 오히려 끌려가게 된다. 이 때 상담원은 두 번째로 일반적이고 구체적인 이익을 제시하면서 고객영업상담을 진행해야 한다.

상담원: 민자역사에서 상가분양하는 데 수익성에 있어서 그리고 향후 경제적 가치에 있어서도 좋은 기회라 생각합니다만~~~

즉 상권이 확실한 민자역사 상가를 분양받으면 발생할 수 있는 일반적인 이익으로 고객니즈를 자극하는 셈이다. 왜냐하면 일반적인 고객니즈를 터치하고 난 뒤에는 고객입장에서 일반적이고 구체적인 이익을 요구하게 되는 것이 우리 인간들의 인지상정이기 때문이다.

필자는 전화를 활용하여 신규고객을 창출하는 텔레마케터telemarketer, 숍마스터shopmaster, 특급호텔에서 멤버십 회원을 관리하는 오퍼레이터operator 등을 비롯하여 최근에는 하나SK카드 상담직원들에게 교육을 진행하고 있는데, 효율적이고 생산적인 고객상담으로써 최적의 영업성과를 창출하는 데 활용할 수 있도록 지도하고 있다.

2.1 고객 성격유형별 설득전략

이하에서는 고객을 유형별로 분류하여 차별화된 설득적 메시지를 실무적으로 적용하는 방법과 또 고객과의 갈등을 최소화하면서 성격유형에 따른 효율적이고 체계적인 고객상담기법을 소개하고자 한다. 이러한 목표는 고객의 관점에서 고객 니즈needs를 먼저 생각하고, 고객신뢰를 바탕으로 자사 제품의 장점으로 설득하는 상담을 학습하면 얼마든지 가능할 것이다.

위대한 영업사원이 되려면 고객의 욕구나 마음을 읽고 핵심적인 성격유형을 파악할 수 있어야 한다. 필자는 2000년도에 샌프란시스코에 가서 「고객의 머릿속으로 들어가기」*Getting Into Your Customer's Head*의 저자 케빈 데이비스Kevin Davis에게 3일 20시간 동안 교육을 받은 적이 있는데, 바로 그가 주장하는 고객의 머릿속으로 들어가는 것은 고객의 마음 즉 고객니즈needs를 파악하는 것이라고 할 수 있다. 일단 고객의 성격을 알게 되면, 상담 내용의 적절한 주제를 선택하고 주도적으로 대화를 이끌며,

고객신뢰를 바탕으로 고객관계관리CRM를 통한 충성고객을 만들 수 있다.

효율적이고 체계적인 상담을 위해 고객성격을 유형별로 대처하는 전략을 학습하여 보자

1. 협조 스타일과 상담할 때의 요령

상담에 앞서 고객의 일상과 주변상황에 대해 자연스럽게 대화하도록 한다.

- 구매를 강요하려고 서두르지 말고, 먼저 고객신뢰를 구축하라.
- 자사의 제품이나 서비스에 대한 고객니즈needs가 무엇인지 파악하라.
- 경쟁사와 대비한 자사 제품의 장·단점을 비교분석하여 소구appeal하라.
- 고객만족 사례를 스토리텔링storytelling으로 하라.
- 고객과의 약속은 성실하고 신속하게 그리고 철저하게 이행하라.

필자는 1980~90년대 자동차 세일즈맨 시절에 아무런 고객정보의 파악 없이 고객과의 쌍방향 커뮤니케이션이 아닌 고객에게

설명 위주의 일방적인 대화를 하면서 영업을 하였던 적이 있었다. 이 때 고객 유형별 소구포인트와 고객욕구 파악의 방법을 몰라 주먹구구식의 비효율적인 영업을 하였는데, 지금 돌이켜 보면 참 용감하였다는 생각이 든다. 무식하면 용감하다고 했는데, 이것이 진정한 용기는 아닐 것이다.

이제부터 협조 스타일의 고객과 상담할 때 고려해야 할 중요한 점 몇 가지를 살펴보자.

고객의 말을 경청하라!

만약 협조가형이 말할 때 경청을 하지 않는다면, 순식간에 고객을 잃게 될 것이다. 고객을 잃는 데는 불과 10초, 다시 찾는 데는 10년, 그리고 고객유지비용은 10달러의 소소한 비용으로 가능하다고 하는데 10:10:10으로 풍자하기도 한다.

고객관계관리CRM! 즉 파트너십에 대한 고객철학을 보여주어라!

고객상담에서 우선적으로 이러한 고객마인드 정신이 드러나야 고객신뢰를 구축하게 된다. 고객과의 신뢰관계가 형성되면 자사 제품의 장점으로 고객의 니즈를 파악하고 만족시키는 수순을 밟게 된다.

계약이나 약속에 대한 구체적인 내용과 시간을 명시하라!

두루뭉술 포괄적으로 아무 개념없는 아마추어적인 영업방식으로 전개하여서는 안 된다. 첫째, 둘째, 그리고 셋째, 그리고 첫 번째는 언제까지 해야 하고, 두 번째는 언제 해야 하고....... 등으로 모든 사항을 명확히 해야 한다.

구매결정을 재촉하지 마라!

고객이 상담과정 중에 집중하고, 고개를 끄덕이며, 구매선택을 할 준비가 되었음을 알려주는 신호를 하게끔 유도해야 한다. 만약 고객이 자사 제품에 노출되어 주의를 기울이고 지각(이해)하고 우호적인 태도를 형성하는 소비자정보처리가 끝나기도 전에 당신이 Closing(계약 마무리)을 서두른다면 영업은 확실히 실패할 것이다.

항상 예의바르고 진실되게 대하라!

협조가형의 특징 중 하나가 쉽게 거절하지 못한다는 점이기 때문에 고객이 "예"라고 말했더라도 구매의 신호는 아니다.

"저는 상점으로 들어가 남성용 Y구두에 대해 가격을 얼마까지 해줄 수 있는지 물었어요. 판매원은 우리에게 그 가격을 제안하며 그게 최선의 가격이라고 단호하게 말하더군요.

저는 그에게 시내 건너편에서 똑같은 구두를 여기보다 1만 원 더 싸게 팔더라고 말했죠. 그는 '잠시 기다리세요. 사장에게 얘기해보죠'라고 하더군요. 그리고 다시 돌아와선 자기들도 그 경쟁자만큼 싸게 팔 수 있다고 했죠. 전 '아니요, 됐습니다'라고 말하고선 나와 버렸어요.

저는 그가 처음부터 비즈니스 파트너십에 의하여 저를 진심으로 대하기보다는, 가능하면 그러한 고객마인드 없이 1만 원을 더 받으려 했다고 느꼈어요."

이 이야기는 협조가형에게는 정직, 자아존중감 등을 표현하는 방식으로 상담해야 함을 시사한다. 그리고 고객접점에서 불성실한 태도나 거짓제안, 무례함, 성급함, 기회주의적 접근 등을 경계해야 하고, 따라서 가장 중요한 것은 당신이 진솔한 사람이라는 걸 보여주는 것이다.

관심과 성실함을 보여주기 위해 열심히 노력하라. 협조가형은 수시로 마찰을 일으키고, 지나치게 이기적이며, 서두르고, 다른 사람의 안위에 관심이 없는 사람을 견디지 못한다.

2. 권력형과 상담하는 비법

다음은 권력형에게 제안할 때의 설득비법이다.

• 자사의 연혁과 비전 그리고 고객철학을 간단하게 소개하라.
• 가장 핵심적인 편익benefit만을 강조하라.
• 결과를 미리 알려주고 일을 진행하라.
• 너무 열정적이거나 지나치게 낮은 자세로 설득하지 마라.
• 제품과 관련된 모든 정보를 제시하여 신속하게 결정을 내릴 수 있게 준비하라.
• 고객과의 논쟁에서 이기려고 하지 마라.

그들의 자만심에 호소하라!

만약 권력형에게 자사 제품으로 영업하려면, "먼저, 저희 회사의 연혁과 고객철학을 말씀드리고 싶습니다"라는 말과 함께 시작해야 한다. 이 말이 시사하는 바는 "우리의 회사와 고객철학이 당신의 추구하는 가치관과 함께 할 수 있고 당신의 욕구를 충실히 만족시킬 수 있다"는 의지의 표현이다.

권력형은 바로 당신회사의 고객철학을 듣고자 하며, 당신의 역량을 알고자 한다. 따라서 권력형을 상대할 때 당신의 역량을 높일 수 있는 또 다른 열쇠는 역량 있게 보이는 것이다. 사무실을 방문할 때에는 확신에 찬 모습을 보여 주고 활기차게 턱을 15도 위로 들고, 눈은 목 부분을 쳐다보며, 목소리에 약간의 힘을 넣는 것이 좋다.

또한 그들이 이룩한 업적에 대해 물어보고 그들의 자만심을 충족케 하고, 상담도 그들이 리드하도록 하는 것이 좋다. 당신은 권력형에게 항상 그들이 골목대장으로서 모든 주도권을 갖는다는 느낌을 갖도록 해주어야 한다. (그들이 상담에서 이길 수 있도록 양보해야 한다는 점을 명심하라.)

권력형의 예로서 지금은 30대 기업으로 성장한 Z사의 김회장은 그에게 자동차를 팔려고 했던 한 영업사원에 대한 일화를 다음과 같이 전해 주었다.

"그 영업사원은 내 친구가 소개하였는데 D사의 영업사원이었어요. 그가 나에게 아주 만족해 할 신차가 곧 출시될 거라고 하더군요. 그는 성실한 젊은 친구로 성격도 무난한 편이었습니다. 하지만 그는 여태까지 제가 본 세일즈맨 중 상담을 설명하듯이 일방적으로 하고 약간 주저하면서 제안을 했어요. 그는 많은 말을 했지만 대부분 나의 욕구와는 무관한 설명이었어요.

전 이렇게 생각했죠. '이 친구, 너무 아마추어군, 이 사람에게선 사고 싶다는 욕구가 안 생기네?' 안타까운 건 그가 팔려는 자동차를 실제로 내가 사고 싶어 알아 본 적이 있다는 물건이라는 점이죠. 하지만 그 세일즈맨에게서 구매할 수가 없었어요."

김회장의 말은 권력형의 성격에서 다음과 같이 마케팅 시사점을 제공한다. 권력형은 영업사원에게서 역량발휘와 자신감 두 가지 모두를 기대한다는 것이다.

효율적이고 생산적으로 소구하라!

권력형은 상담의 주도권을 놓치려 하지 않는다. 그들은 영업사원이 이기심을 부려 상담을 빨리 끝내고 제품구매로 설득하려는 것을 재빨리 인식하고, 상담내용의 모순에 대해서는 신속하게, 어떨 때는 심하게 몰아치며, 설명을 잘못하거나 빼먹을 경우 이를 금방 알아채린다.

신속하게 상담하라!

그들은 영업사원이 일방적으로 설명하거나 통상적인 일정에 따라 상담을 진행하는 것을 싫어하고, 자사규정에 대해서도 탄력적으로 적용 받기를 원하며, 무의미한 부연설명이나 도식적으로 진행하여 일정이 다소 지연되는 듯한 행동을 기피하는 경향이 있다.

전문성과 진실함으로 소구하라!

권력형은 전문지식을 가진 진실한 사람과 함께 있을 때 편안함을 느낀다. 이러한 성격의 사람은 회사정책과 제품에 대해 설명할 때 전문지식이 없거나 진실하지 못한 사람을 쉽게 알아채린다.

이상을 요약해 보면 권력형에 대해서는 신속하고 효율적이며 특별히 배려하는 것 같은 업무방식으로 고객만족의 상담 프로세스를 전개하여야 함을 시사한다.

3. 질서형을 설득하는 비법

다음은 질서형과의 상담비법이다.

- 정확히 수치화하여 제시하라. 숫자를 대충 말하지 마라.
- 자사 제품의 장점에 대한 신뢰를 주기 위해 증거를 자료로 제시하라approach book.
- 고객접점에서 현재의 욕구를 파악하라.
- 당신의 제안을 신중하게 내용별로 요약하라.
- 향후 일정을 상세하게 제시하라.

성실한 일정체계를 소구하라!

질서형은 상대하기 까다로운 고객이므로, 상담할 때에는 천천히 진행하면서 열성적으로 경청하여야 한다. 또한 상담할 때에는 항상 메모장과 펜을 지참하여야 한다. 질서형에게 효과적인 상담방법 중 하나는 그들이 말하는 동안 성실하게 기록하는

(그렇게 하는 척이라도) 자세를 보여 주는 것이다.

정확한 자료를 제시하라!

질서형에게는 "이 제품의 연비는 리터당 10킬로미터 정도입니다"라고 말하는 것으로 충분하지 않다. 그들은 정확한 수치로 제시해야만 신뢰를 구축하고 구매의도를 갖는다.

여기서 독자들은 자신의 영업경험을 되돌아 생각해 보라. 고객 상담 중에 어떤 내용에 관해서는 대충 넘어가려고 하고 또한 어림잡아 제시했던 일들을~~. 우리가 잃어버린 고객이 얼마나 많은지 느끼는 부분이 있을 것이다.

상담을 내용별로 순서에 따라 진행하라!

상담 중에 들었던 내용들(제품사양, 가격, 납기, 보증기한 등)을 요약하여 그것을 순서에 따라 설명하도록 한다. 또한 고객에게 시간적인 여유를 주어야지 계약을 금방 체결하려고 해서는 안될 것이다.

필자의 지인 중에 질서형에 해당하는 이병기 이사는 자동차 영업사원과 관련된 경험담을 들려주었다.

> "전 자동차영업소 전시장에 있는 모델 중 한 대를 사려고 마음먹고 영업소 안으로 들어갔어요. 영업사원이 다가와서

는 — 그는 만면에 미소를 띠고 정중하게 인사를 하더군요 — 그 모델이 얼마나 좋은지 이야기하기 시작했죠. 저는 이미 그 모델이 좋다는 것을 알고 있었기 때문에 금방 짜증이 났어요. 하지만 그는 계속해서 일방적으로 설명을 했었죠.

'시승해보지 않겠습니까?'라고 하길래 제가 차를 타자 그도 제 옆에 앉았습니다. 전 계기판에 있는 낯선 단추 몇 개를 보고 그것이 어떤 용도인지 물었죠. 그러자 그는 잘 모르겠으니 나중에 매뉴얼을 보는 게 어떻겠냐고 말하더군요.

그 영업사원은 저에게 자기도 제대로 모르는 3,500만원짜리 제품을 팔려고 했던 겁니다. 그는 제가 물어본 어떤 질문에도 거의 대답을 하지 못했어요. 결국, 저는 몇 가지 정보만 수집하고 나와버렸습니다."

이 이사의 반응은 판매를 할 때 질서형이 보이는 특징을 그대로 반영하고 있다. 이 이사는 정보를 원했지 감성을 원했던 게 아니다. 그는 핸들을 잡기 전에 먼저 여러 의문점을 해결하려고 했다. 그는 준비도 하지 않고 교육도 받지 않은 채 계약만 체결하려고 밀어붙이는 영업사원과는 거래하고 싶지 않았던 것이다.

상담에서는 논리적이고 현실적으로 하라!

그들은 논리적인 질문을 하며 안정적인 측면에 입각한 답변을 원하며 과장이나 혁신적 가치 또는 첨단기능으로 인한 사용상의 기술적 문제의 개연성을 거론하면 더 의심을 한다. 질서형은 제품의 고유기능 외에 추가적 기능과 특별한 고객서비스에 대하여 주저하거나 불편해 한다는 점을 이해하여야 한다. 따라서 정확한 내용으로 상담하고 감정적으로 편안함을 느끼게 하는 것이 중요하다.

일반적으로 비즈니스에서는 신뢰와 믿음을 쌓는 데 상당한 시간이 걸릴 수도 있다는 점을 명심하여야 한다. 특히 질서형은 신뢰가 완전히 형성되지 않은 상태로는 계약을 체결하려 하지 않는다. 또한 질서형은 상담과정에서 영업사원의 회사규정을 어기는 듯한 어떤 매너나 행동에 대해서 엄격하게 평가하려는 경향이 있음을 주지해야 한다.

4. 성취형에게 설득하는 비법

다음은 성취형에게 설득하는 상담비법이다.

- 상담과정을 신속하게 그리고 활기차게 진행하라.
- 당신이 제시하는 상품과 서비스로 잠재니즈를 만족시킬 수 있음을 소구appeal하라.
- 당신이 제시하는 특별 서비스와 관련된 판촉행사를 열정적

으로 설명하라.

- 고객에게 그들의 욕구needs를 말할 기회를 주라.
- 그들은 제품의 편익이나 효용가치보다 당신의 열정과 확신을 보고 구매한다는 점을 명심하라.
- 비공식적이며 인간적인 접촉을 활용하라.

웃으며 시작하라!

고객은 당신의 웃는 모습에서 호감을 느껴 우호적인 상담이 진행될 수 있다. 고객 SERVICE에서 S로 시작하는 Smile 즉 웃음은 서로에게 긴장감을 낮추어, 약간은 격의 없으면서도 재미있게 상담을 진행할 수 있고 또한 상담과정이 즐겁다는 인상을 줄 수 있어 효과적이다.

그들이 과거에 이루었던 성공담, 그리고 미래의 목표를 물어 보라!

성취형은 자신이 이야기하는 것을 좋아하므로 경청하면서, 상담 중간중간에 고객의 니즈와 부합되는 자사 제품의 핵심적인 장점을 이야기하며 동시에 적절한 은유나 예시, 일화 등을 소개하면 우호적 상담분위기를 만들 수 있다.

편익benefit을 집중 소구하라!

동기부여자형은 항상 “나에게 무슨 혜택이 있지?” 그리고 “이 제품이 내게 얼마나 유용한 것일까”라는 질문을 한다. 상담 중에 이런 말을 들을 때 부정적으로 대응을 하면 거래를 망치게 된다.

우리는 절대적으로 고객과의 상담에서 이기려 하지 말 것이며, 거래에서 이기면(즉 계약이 체결되면) 되는 것이다.

명장名將은 전투에서 지더라도 전쟁에서 이기는 것이다. 영업 마케팅에서 전투는 고객상담이고 전쟁승리는 바로 계약체결인 것임을 항상 명심해야 한다.

삼성그룹의 CEO는 직원교육에서 다음과 같이 설파하고 있다.

> “고객이 검정색을 하얀색으로 세 번만 주장하면 하얀색으로 가정하고 상담을 지속하라! 그들은 당신이 긍정적으로 대응하기를 기대한다. 그들은 낙천적인 사람과 거래를 하려고 하지, 부정적이고 상황에 유연하게 대처하지 못하는 영업사원과 거래하려 하지 않는다.”

안소슬 부장은 동기부여자형에 해당하는 애널리스트이다. 그녀는 자신을 스카우트하려던 P사의 면접관이 그녀를 어떻게 설득하려 했는지 들려주었다.

“생활의 변화와 경력상 전직이 필요하다고 느끼는 시점이었기 때문에 P사의 면접요청을 받아들였어요. 면접관은 부드러운 표정도 하지 않았어요. 너무도 진지하더군요.

그는 회사의 비전과 업무규정, 그리고 경쟁상황에 대해서만 말하더군요. 전 이렇게 생각했죠. '이 회사의 모든 직원들이 이렇게 재미없을까봐 겁나는군.' 그런 사람들과 같이 일한다는 것을 상상할 수가 없었죠. 제 말은 연봉은 더 많아지겠지만 직장생활 그 자체가 문제될 것 같다는 생각을 한 거죠."

다른 성취형과 마찬가지로 안부장도 우호적이고 부드러우며 유익한 상담을 통한 거래와 그 일 자체를 즐길 줄 아는 낙천적인 사람을 찾고 있었던 것이다.

우호적이고 유연하게 상담하라!

그들은 판매규정에 집착하거나, 아주 세부적인 사항에 매달리거나, 너무 진지하게 상담하는 영업사원을 싫어한다. 계약을 서두르는 것을 싫어하고, 유머 있는 사람, 거래하기 편한 사람과 상담하고자 한다. 따라서 성취형에게는 여유롭고 자연스러운 자세와 유연한 상담프로세스를 전개해야 함을 시사한다.

3.1 셰리프의 사회판단이론 1
— 수용하는 고객의 대처전략

셰리프Muzafer Sherif는 사회판단이론Social Judgment Theory에서 소비자가 설득적 메세지에 노출되었을 때 다음과 같이 세 가지 태도를 보인다고 한다.

1. 수용영역latitude of acceptance
2. 무관심영역latitude of noncommitment
3. 기각영역latitude of rejection

여기에서는 우선 수용하는 태도를 보이는 고객에 대한 대처 전략을 다루기로 한다.

수용하는 태도를 보이는 가망고객을 만나는 날은 영업의 운을 타고 난 길일吉日이다. 필자는 어느 날 자동차 세일즈맨 시절에 지역territory에서 영업활동을 하고 있었는데, 거리에서 잘 아는 선배 두 분이 뭔가 대화를 하면서 걷고 있었다. 우연히 필자의 르망자동차 카탈로그를 발견하곤 전체적으로 살펴 본 후 마침 두 선배가 르망에 대하여 구매의사결정 중에 있다고 하면서 그 길로 바로 필자의 영업소를 방문하여 르망을 출고하였다.

이 경우가 바로 영업사원이 특별히 설득을 하지 않았는데도 계약체결이 이루어지는 수용하는 태도를 가진 가망고객을 만나서 행운을 잡는 날이었던 것이다. 지성이면 감천이라 했던가!

수용하는 태도를 보이는 가망고객은 다음과 같은 실무적 접근의 마케팅 시사점을 도출한다. 먼저 자사 제품과 서비스의 장점에 대해서 논리적으로 다시 한번 요약하여 설명을 한다. 이는 계약 약속에 대하여 나중에 일정을 연기하거나 또 다른 변명거리로 계약을 해지하려는 시도를 사전에 예방하는 효과가 있다. 왜냐하면 재차 제품과 서비스에 대하여 설명을 들었기 때문에 이를 번복하는 경우는 정상적인 인지를 하는 사람의 경우에는 매우 드물기 때문이다.

그리고 나서 계약에 대한 약속을 정하는데, 이 때 유의할 점은 계약일자와 시간에 대한 표현을 구체적으로 명시하여야 한다는 것이다. 예를 들어, “수요일 오후 3시 어떠세요?” “아 그 시간은 바쁜데요” 하면 “그럼 목요일 2시는 어떠신지요?”라는 등이다.

그 이유는 가망고객에게 약속일자를 일임해 버리면 나중에 다시 전화 내지 연락한다고 하면서 함흥차사가 되기 쉽기 때문이다. 이는 경제학에서 거론되는 기회비용을 발생시키며 연락올 확률도 매우 희박하다고 한다. 따라서 구체적인 일자와 시간을 명시하는 것이 영업의 마무리 즉 클로우징closing의 원칙과 정도라 할 수 있다.

영업사원의 경우 대체적으로 수용하는 태도의 가망고객을 만나면 일순간 기뻐서 바로 계약체결의 수순을 밟으려는 경향이 있다. 그러나 이 때 호흡을 가다듬고 자사 제품의 장점에 대해서 다시 한번 설득하는 방식으로 고객의 머릿속에 확실히 인식시킨다면 정석적인 영업의 클로우징이 될 것이다.

3.2 셰리프의 사회판단이론 2
— 무관심 고객의 대처전략

1999년, 필자가 글로벌 물류회사인 Excel(DHL에서 M&A)에서 상담기법에 관하여 강의를 하던 중에 일본으로 유학하여 영문학을 전공하였다고 하는 한 여직원에게 "무관심한 태도가 뭡니까?"라고 물었더니 그 여직원은 "관심이 없는거요"라고 하고, "그럼 관심이 왜 없는 거지요?"라고 했더니 그냥 웃어버리는 태도를 보였던 적이 있다. 특이하게 생각했던 것은 일본에 가서 일본관련 전공이 아니고 왜 영문학이지 하던 것이었다.

소비자가 무관심한 태도를 보이는 것은 자사 제품과 서비스가 불필요하다는 의미일 것이다. 자사 제품이 경쟁사에 비해 장점이 많은데 왜 필요가 없다고 생각하는 것일까? 아마도 현재 사용 중인 경쟁사의 제품에 만족하므로 자사 제품에 대한 필요성 즉 욕구needs를 못 느끼기 때문일 것이다. 이럴 경우에 어떻게 하는 것이 좋을까? 그냥 "그럼 안녕히 계세요"라든가 아니면

"잘 사용하십시요"라고 할까?

고객접점에서 소비자가 무관심한 태도를 보일 때에는 다음과 같은 방법을 취하는 것이 좋을 것이다. 즉 자사 제품의 장점을 소비자가 스스로 깨달을 수 있도록 질문의 형식으로 장점을 소구appeal하는 것이다. 예를 들어,

> "저희 제품은 가격에 있어서 경쟁사보다 단위 당 120만원이 저렴한데 어떻게 생각하십니까?"
> "우리 회사의 품질보증 기한이 경쟁사보다 1년이 더 긴 것에 대해서 어떻게 생각하십니까?"

이 때 요구되는 것은 반드시 영업사원은 자사 제품지식은 물론 경쟁사 제품지식에 대해서도 숙지하고 있어야 한다는 것이다. 그 이유는 자사 제품과 경쟁사 제품의 장·단점을 대비하여 소구해야 고객신뢰를 바탕으로 한 비즈니스가 가능하고, 이에 따라 신뢰구축으로 파트너십이 공고해져서 지속가능한 거래를 할 수 있기 때문이다.

그럼 왜 자사 제품의 소구를 단정적으로 간결명료하게 표현하지 않고 질문의 형식을 띠게 하는 것이 좋을까? 다음과 같이 생각하여 보도록 하자.

"저는 어려서부터 규칙적인 운동을 통한 심신수련을 해서 생활의 리듬과 맑은 정신을 추구합니다"라고 하면 상대방 입장에

서는 거부감을 표시하면서 “잘났어?” 할 수도 있을 것이다. 하지만 “저의 이러이러한 점에 대하여 어떻게 생각하십니까?”라는 질문의 형식으로 하여 그 판단을 상대방에게 던지고 상대방이 스스로 생각하고 난 후 “아! 진짜 그러네” 하면 그것이 진정 본인의 장점으로 인정되는 것이다.

따라서 자사 장점을 피력할 때에는 단정적이고 일방적인 주장보다 언제나 판단을 소비자에게 일임하는 질문의 형식으로 상담을 진행하는 것이 훨씬 효율적이다.

필자가 세일즈맨 초년 시절에 고객과 상담중, 고객이 “아! 관심 없어요”라고 하면 무식하게도 이렇게 대응했었던 기억이 있다. “제가 뭐 실수 했습니까?” “뭐 기분 나쁜 일이 있습니까!” 얼마나 용감한가! 그래서 무식하면 용감하다는 말이 있는 것이다.

1. 무관심 극복 상담스킬(질문의 예)

개방질문 vs 폐쇄질문

무관심한 태도를 보일 경우에 그 이유와 대처방법에 대해서 위에서 이야기하였다. 즉 사용 중인 경쟁사 제품에 만족하여 자사 제품과 서비스의 필요성을 별로 느끼지 못하기 때문이고, 이 경우 경쟁사 대비 자사 제품의 장점에 대해서 질문의 형식으로 소구하는 것이 좋다고 하였다.

이 때 자사 제품의 장점을 구체적이고 한정적으로 소구할 때 사용하는 질문의 형식인 폐쇄질문으로 사용하게 된다. 즉, 자사 제품에 관심을 표명하지 않는 고객에 대해서는 먼저 폐쇄질문으로 대처해야 한다.

필자는 삼성메디슨에서의 IT(PACS)영업시절이 아닌 20C 자동차 영업시절에는 주먹구구식의 아마추어 방식 즉 일방적 커뮤니케이션으로 영업상담을 전개해야 하기 때문에 항상 단정적으로 자사 제품의 장점을 강조했다. 고객들이 천차만별이라서 가끔식 이 방식으로 설득을 시키기도 하였지만 대개의 경우 오히려 반발심을 불러일으킨 일방적인 자기자랑의 설명이었다. 1980~1990년대 당시에는 쌍방향 대화를 통한 진정한 고객상담을 학습할 기회가 없었던 시절이었다.

필자 혼자서 고객 니즈에 부합되지도 않는 장점을 들어 장황하게 말을 많이 하면서 상담을 진행하였다. 이것이 또 자가발전을 시키는 원동력이 되고, 말을 많이 하게 되니까 뭔가 잘 되어 가고 있다는 착각 속에 일방적으로 계약을 강요하고 또한 동정심을 유발하는 계기로 삼게 되기도 하였다. 이는 실로 고객가치 창출의 편익benefit 제고를 전면적으로 도외시한 무지한 영업행태였던 것이다.

무관심한 고객과의 상담에서는 언제나 구체적인 자사 제품의 장점을 구체적으로 질문의 형식으로 소구하여 고객 스스로 장점을 깨닫게 해야 한다.

영업사원: 저의 회사 제품은 품질보증기한을 경쟁사에 비해 1년 더 연장하는데 어떻게 생각하십니까?

2. 무관심 극복 상담스킬(히든 카드 활용법)

위에서 영업상담을 진행할 때 가망고객이 계속적으로 자사 제품과 서비스가 불필요하다고 할 때에는 폐쇄질문으로 자사 제품의 장점을 들어 소구하라고 하였다. 그럼에도 불구하고 고객이 계속해서 경쟁사 제품에 만족하다고 할 경우 이 때 사용하는 최후의 비밀병기로 다음과 같이 히든 카드hidden card를 생각해 볼 수 있다.

무관심을 표명한 고객에게 자사 제품의 장점을 질문의 형식으로 소구하였음에도 불구하고 지속적으로 무관심하면 클로우징closing을 걸어 보는 것도 한 방편이다. 그 이유는 다음과 같다.

장점으로 소구하여 자사 제품의 장점을 고객 스스로 깨닫게 하여도 전혀 변화가 없을 때에는 고객의 내면에 뭔가가 잠재해 있는 것이다. 따라서 그 뭔가를, 즉 고객의 본심을 파악하기 위하여 이렇게 클로우징을 시도해 본다.

"내일 오후 2시에 본부장님을 모시고 계약하러 오겠습니다."

이 경우 고객은 당황하게 될 것이다. 소비자 심리에 의거할 것 같으면 소비자는 당황하면 부지불식간에 자신의 본심을 그대로 드러낸다고 한다. 따라서 경쟁사 대비 자사 장점에도 불구하고 고객이 무관심한 진정한 이유를 파악할 수 있게 된다.

이것이 바로 클로우징을 걸어 보는 히든 카드의 활용비법이다. 위의 경우에 고객은 다음과 같은 반응을 할 것이다.

"아, 그게 아니고~~~ 사실은 이미 재계약을 했습니다."

라든지 아니면

"실은 경쟁사에 처남이 근무하고 있어서~~~"

이러한 예가 바로 지속적인 무관심 태도에 대한 클로우징 사용법이다.

이렇게 사실을 제대로 파악해야 포기할 때 과감히 하게 되는 것이지 본심도 파악하기 전에 대체적으로 상담을 전개하고 지레짐작으로 포기하는 것은 제대로 된 영업사원의 역할을 하는 것이 아니라 단지 홍보사원이 PR을 하는 것과 같음을 깊이 인식하고 반면교사로 삼아야 한다.

3.3 셰리프의 사회판단이론 3
— 기각고객의 대처전략

1. 오 해

셰리프Sherif의 사회판단이론Social Judgment Theory에 의하면 소비자가 설득적 메시지에 노출되면 세 가지 태도를 보이고, 그 중 한 가지가 기각이었다. 기각이란 쉽게 표현해서 반대의사를 표명하는 것으로 생각하면 무방한다.

먼저 오해에 따른 고객유형 대처법을 알아 보기로 한다.

오해는 문자 그대로 고객이 사실왜곡으로 인한 잘못된 정보에 노출됨으로써 발생한다. 이 때 상담분위기는 좋지 않을 것이고 고객표정도 별로고 오해받는 영업사원의 입장도 부정적인 감정이 발생하여 상담분위기가 다소 문제일 수가 있다.

만약 자사 제품가격이 실제로는 500만원인데 고객이 오해에 의하여 550만원으로 잘못 알고서 비싸다고 할 경우 실무적 접근의 마케팅 시사점은 다음과 같다.

고객: 가격이 550만원인데 비싸네요?

영업사원: 제품가격이 550만원이라는 말씀이지요. 아닙니다. 가격은 500만원입니다.

라고 해야 한다. 이렇게 대응하지 않고

영업사원: 똑바로 아십시오. 가격은 500만원입니다.

라고 하면 상담에선 이겼지만 계약에선 실패하는 과오를 범하게 되는 것이다. 따라서 기氣 조절이 대두되는 대목이다. 영업의 목적은 계약체결이지 상담에서의 승리가 아님을 주지해야 한다.

삼성의 한 CEO는 직원들에게 만약 고객이 흰색을 검정색이라고 세 번 이상 주장하면 검정색으로 받아들이고 고객상담을 전개하라고 하였다. 이것이 바로 고객제일주의를 표방하는 고객철학의 기조인 것이다.

필자는 세일즈 초년시절에 고객이 잘못된 정보로 이야기하면 "똑바로 아십시오"라고 하면서 상담을 진행하여 상담에선 이기고 거래에선 실패하는 실익없는 영업상담을 종종 진행한 적이 있었다. 그 까닭은 고객상담기법을 제대로 학습하지 못했으므로 용감무쌍하게도 무식할 수밖에 없었던 때문이었다.

2. 사 실

제품이나 서비스의 물리적 속성상 경쟁사와 대비한 자사 제품은 장·단점을 함께 갖고 있는 경우가 보통이다. 따라서 사실에 의한 단점을 지적 받을 경우에는 겸허한 태도를 취하면서 다음과 같이 질문의 형식으로 대처해야 할 것이다.

고객: 편의성에 있어서는 다른 제품보다 조금 떨어지는군요.

영업사원: 아, 네~ 편의성에 있어서 경쟁사보다 조금 불편하다는 말씀이시죠~~~. 하지만 품질에 있어서나 가격 측면에서는 경쟁사보다 장점이라고 동의해 주셨지 않았습니까?

이 때 단점에 대하여 단정하는 표현 즉 "편의성에 있어서는 조금 떨어집니다. 그러나 품질과 가격 측면에서는 좋지 않습니까?"라고 하면 "조금 떨어집니다"라는 단정적 표현에 상담의 초점이 이미 맞춰져버려서 "그러나"라고 하고 장점을 소구하는 것은 변명에 불과한 것이 되어버리므로 각별히 유의해야 한다.

소비자는 사소한 것에서도 만족과 불만족이 교차한다고 한다. 최근 감성적 소통의 중요성이 대두되는 것도 다 이러한 고객 정서의 민감성을 바탕으로 마케팅 시사점을 도출해야 한다는 것과 일맥상통하는 것이다.

3. 불 신

고객영업상담에서 자사 제품과 서비스에 대하여 장점소구를 하는데, 가망고객이 전혀 믿지 않는 경우를 볼 수 있다. 이 때 어떻게 대처해야 하는 것이 좋을까?

필자는 세일즈맨 초년시절에 이런 경우를 당하면 불쾌한 기분을 조절하지 못하고 이렇게 감정적으로 맞대응하곤 했다.

"사람 말을 왜 안 믿으시죠?"

"젊은 사람 말을 왜 못 믿으시죠?"

이 경우가 바로 무식하면 진짜 용감하다는 말에 해당된다. 사람이 말로써는 믿지 않는데 자꾸 말로 설득하려고 하면 서로가 감정의 골만 깊어지게 된다. 따라서 이 때에는 백문이 불여일견百聞而 不如一見이라 증거를 자료로 제시하는 방법을 택하여야 한다. 자료는 평소에 상시적으로 어프로치 북approach book에 모아둔 최신의 해당자료를 제시하면 된다.

필자는 사내교육을 진행할 때 교육생들에게 어프로치 북의 유무부터 확인한다. 공부 잘 하는 학생가방에는 책이 많고 반대의 학생가방에는 도시락만 있는 경우에 비유될 수 있는 것이다.

요즈음 수도권에서 무릎수술로 유명한 H병원에 필자의 장모님이 수술을 하셔서 방문했을 때, 필자는 원무과 복도 한 벽면에 수술성공 체험담을 육필로 받아 코팅처리를 하여 도배한 것을 목격하고는 "역시 그렇구나!" 하였다. 이것은 바로 불신하는 수술예정 환자, 보호자, 수술결정을 지연하는 대기환자 등에게 아주 좋은 증거자료가 되기 때문이다. 이걸 보는 순간 필자 역시 더욱 더 안심하게 되었다. 그러니 수술예정 당사자나 그 보호자들도 마찬가지일테고 더불어 의사와 간호사의 지시에도 잘 따르게 되니 병원업무 진행도 효률적으로 될 것이다.

정부 주관으로 진행하는 중소기업 마케팅 지원사업에서 선정된 해당기업을 컨설팅할 때 필자는 다음과 같이 주문한다. 즉 거래처 중 자사와 거래를 통하여 실제로 수익성 측면에서나 업무효율성 측면 또는 이미지 제고 차원에서 만족한 거래처로부터 고객감사장을 받아 두어 불신하는 가망고객이 발생할 경우 증거자료로 활용하도록 하는 것이다.

증거를 자료로 제시하는 방법!

이 때 몇 가지 단계를 알아 보기로 하자. 우선 의심하는 고객상담분위기로 인하여 상황이 매우 불쾌할 수 있다. 따라서 기氣를 조절하는 차원과 냉정함을 유지하는 수준에서 다시 한번 장점을 피력하여야 한다.

영업사원: 우리 제품은 품질면에서 경쟁사보다 뛰어납니다

고객: 그걸 어떻게 믿을 수 있습니까?

영업사원: 1. 아, 우리 제품의 품질은 이런 점에서 보다 우수합니다.

2. 자, 여기 증거를 보십시오.

3. 따라서 우리 제품은 업무효율성에서 경쟁사 보다 생산성을 5% 더 높일 수가 있습니다.

이런 경우는 현실적으로 쉽지 않은 상황이지만 이것 역시 극복해야 영업의 달인 즉 최적의 성과창출을 기대할 수 있게 된다. 그래서 필자는 평소에 규칙적인 운동과 거울보기를 교육생들에게 주문하고, 사내문화로 정착하기 위하여 각자의 책상에 거울을 비치하도록 교육담당자에게 적극적으로 제안한다. 필자도 이를 오랜 기간 동안 철저히 시행하여 커다란 효과를 보고 있기 때문이다.

불신고객의 대처법은 다시 한번 장점소구를 하고 나서야 어프로치 북에서 해당증거를 자료로 제시하는 것이다.

"자! 보십시오. 여기 이렇게 소개되어 있지 않습니까?"

그 다음에 자사 제품의 장점이 갖고 있는 편익benefit에 대한 부가가치를 보다 세부적으로 어필하게 되면 의심하는 고객에 대한 효과적인 대처법이라고 할 수 있다.

4.1 감성적으로 접근하는 고객니즈별 차별화전략

고객에게 감성적으로 접근할 경우 회사 및 개인 유형에 따른 다양한 개성personality 때문에 상이한 어프로치가 요구되는데 다음과 같은 전략적 대안이 필요하다. 회사 니즈needs는 수익성, 이미지, 업무효율성으로 나누어지며, 개인 니즈는 카리스마형, 자아실현형, 주변의식형, 상호협조형, 안전추구형, 무사안일형 등으로 분류해 볼 수 있다.

수익성 니즈란 고객이 자사 제품 및 서비스를 구입할 때 우선적으로 고려하는 것은 수익증진에 있음을 의미한다. 따라서 이 경우의 소구 포인트는 재무적 이익증진에만 초점을 맞추어야 함을 시사한다.

이미지 니즈는 구입의 목적이 회사 이미지 향상에 있으므로 소구 포인트는 대고객 이미지 향상에 관련된 가치를 소구해야지 그 밖의 제품적 요소의 어필appeal은 삼가해야 한다. 이를 무시하고 제품과 관련된 장점을 소구하면 고객은 짜증을 내고 영업사원을 기피할 것이다.

업무효율성 니즈는 재무적 이익이나 이미지 향상이 아닌 업무 생산성 향상에 목적이 있으므로 제품 구입시 왜 신제품 도입이 업무적 효율성 향상에 기여하는지만을 소구하면 된다는 점을 주지해야 한다.

이와 같이 회사 니즈의 경우에는 언제나 거래회사의 관점에서 그들의 니즈를 실시간으로 파악하여 니즈에 부합하는 장점만으로 설득해야 함을 시사한다.

다음으로 천차만별한 고객의 개인적 니즈에 대하여 알아 본다. 개인 니즈 중 카리스마형은 일명 히틀러라고 불리우며 천상천하 유아독존형이다. 이의 대처는 너무 겸손하면 하대를 각오해야 하며, 당당한 태도를 견지하면 완전 무시를 당하게 되기 쉬우므로 현명한 고객 대처의 요령은 중용中庸의 태도를 견지하는 것이라고 할 수 있겠다.

자아실현형은 '하면 된다'는 신념을 바탕으로 한 적극적이고 진취적인 행동의 소유자이다. 영업에서의 운運이라 함은 바로 이런 유형을 만나는 경우이다. 왜냐하면 본인의 신제품 자체에 대한 니즈가 강렬하여 소위 얼리어답터early adopter로서, 마치 영업사원이 자신의 비즈니스 파트너인양 협력자의 역할을 자임하면서 계약을 신속하게 진행할 것이기 때문이다.

주변의식형은 구매 자체의 행위에 대한 독자적인 권한이 있음에도 불구하고 회사의 결재부서인 총무과와 사용부서인 생산부서 등으로부터 적절한 구매행위임을 인정받으려 한다. 따라서 영업사원에게 있어서 총무와 생산담당자까지 직접 접촉하여 자사 제품에 대한 구매 필요성을 소구해야 함을 시사한다.

상호협조형은 주변의식형보다 더욱 적극적으로 구매와 관련된 주변부서와 사전에 협의과정을 거쳐 전면적인 합의하에 구매하기를 희망한다. 따라서 주변의식형과 마찬가지로 관련부서 전체를 접촉contact해야 함을 시사한다.

안전추구형은 안전제일주의로서 신제품의 혁신적 가치보다는 제품의 상태, 납기, 보증 등에 있어서 일반적으로 결함claim 없이 안정적으로 진행되는 것을 요구한다. 따라서 제품 사용상에 있어서 안정적이고 보편적인 측면을 소구해야 함을 시사한다.

무사안일형은 영업 프로세스에 있어서 절대적 일관성을 요구하고 상황의 변화와 제품사양의 변경을 거부한다. 예를 들어, 제품의 사양 및 가격, 납기일, 보증기간 등 소구하는 내용에 일관된 신뢰적인 면을 부가하게 됨을 시사한다.

4.2 방문목적에 입각한 세일즈 프로세스

처음 방문시에는 자사 제품을 개략적으로 소개하는 것으로 방문목적을 설정한다면 계약유도 및 이에 상응하는 일체의 활동도 삼가하고 다음 일정만을 약속해야 한다. 또한 두 번째 방문의 목적이 제품 시연demo으로 확정되었다면 역시 계약을 유도하는 일체의 영업활동을 삼가야 한다. 따라서 방문단계별로 목적을 설정하여 영업목표를 달성하는 체계적인 영업방식을 택하여야 하는데, 이런 방법으로 최적의 효율적인 영업활동을 하게 되면 적절한 시기에 계약을 유도할 수 있게 된다.

여기서 필자가 삼성메디슨에서 PACS영상저장전송장치영업을 할 때의 사례를 소개하고자 한다. 당시에 필자는 PACS와 DRdigital-Xray 영업을 하면서 방문목적에 따라 체계적으로 영업을 진행하였다.

우선 목표시장target market으로 보건소를 선택하였는데, 첫 방문목적으로는 보건소 소장 및 방사선 관계자를 대상으로 자사인 메디슨과 제품의 개괄적인 면만을 소개하려고 하였다. 이 시기에는 구체적 언급(가격, 조건 등)을 의도적으로 회피하고, 다음 약속을 요청하였다. 왜냐하면 PTpresentation일자에 대한 약속을 하는 것이 방문목적이었기 때문이었다.

PT 후에는 제품의 시연demo으로 약속을 진행하였고, 제품을 시연하는 과정에서야 비로소 가격과 설치기간 및 보증기한 등 제품과 관련하여 구체적으로 메디슨의 장점을 소구하였다.

이와 같이 각각의 방문에 따라 방문목적을 설정하면 각 방문단계에 입각한 유효한 방문목적을 달성하게 되고, 체계적인 영업일정으로 고객과의 신뢰구축과 유대관계를 돈독히 하게 됨으로써 궁극적으로 상호간의 이익을 추구하는 비즈니스에 있어서의 진정한 파트너십을 형성하게 되는 것이다.

제 5 장

전략적 비즈니스 협상기법

1.1 전략적 영업협상의 기본적 유형 — 배분적 협상

1.2 전략적 영업협상의 기본적 유형 — 통합적 협상

2.1 협상의 장애요인: 보수적 협상자

2.2 협상의 장애요인: 신뢰 부족

2.3 협상의 장애요인: 방해꾼

2.4 협상의 장애요인: 문화와 성적 차이

2.5 협상의 장애요인: 소통의 차이

3.1 전략적 협상의 평가방법

3.2 전략적 협상의 평가방법 — 최적의 대안개발

3.3 전략적 협상의 평가방법 — 협상강화기법 세 가지

3.4 전략적 협상의 평가방법 — 대안이 없을 때

3.5 전략적 협상의 평가방법 — 강력한 BATNA vs 열등한 BATNA

4.1 ZOPA

5.1 협상의 개념

5.2 협상의 세 가지 핵심개념

6.1 협상의 전략과 협상준비의 7단계

7.1 협상의 실행

8.1 교착상태

9.1 협상실무 사례연구

10.1 협상 프로세스 FAQ

11.1 Appendix

12.1 심리협상의 핵심 Tip

1.1 전략적 영업협상의 기본적 유형
— 배분적 협상

영업협상의 기본적 유형은 크게 두 가지로 구분된다. 배분적 협상과 통합적 협상이 바로 그것이다.

여기에서는 기본적 협상에 대하여 학습하도록 한다. 우선 본론에 들어가기에 앞서 협상의 기본적 용어를 정리하면 다음과 같다.

1. BATNA(최선의 대안)
2. ZOPA(합의가능영역)
3. Reservation(유보가격)

이에 대해서는 각각 해당되는 부분에서 구체적으로 학습하게 된다.

배분적 협상의 기본적 유형은 Zero-Sum Game이다. 이는 협상이 본질적으로 추구하는 상호간의 이익 추구와는 반대되는 개념이다. 따라서 갑·을 간에 있어서 win-lose 또는 lose-lose가 되는 것이다.

예를 들면, 첫 거래나 과거 노사 간에 신뢰문화가 정착되지 않았을 때의 노사협상을 들 수 있다. 첫 거래에 있어서는 상호간에 파트너십이 정립되지 않았으므로 각자의 입장에서만 최대의 이익을 추구하기 때문에 배분적 협상에 노출되는 것이다. 그러므로 특별관계, 특별서비스, 우대조건 제시 등 개별화를 통한 최적의 파트너십을 추구하는 고객관계관리CRM가 절실히 요구된다.

배분적 협상의 시사점은 다음과 같다. 즉 배분적 협상에서는 최종협상 결과가 최초로 제안한 조건과 깊은 상관관계가 있게 된다. 왜냐하면 상호간에 신뢰가 조성되어 있지 못하기 때문에 협상과정을 최소화해야 하고, 또한 복잡하거나 복수의 대안제시 없이 초기조건으로 원만한 계약을 유도해야 하기 때문에 초기효과primacy effect가 대두됨을 시사하는 것이다.

전략적인 실행방법으로는 최초의 제안을 더 이상 양보할 수 없는 심리적 지지선으로 삼아 협상타결의 교섭범위로 참고하면 된다.

배분적 협상의 진행과정에서는 자사의 정보를 절대로 공개해서는 안 되며, 반면 상대에 대한 정보파악은 좋지만 지나친 정보수집으로 인한 역효과가 우려되기도 한다. 항상 과유불급過猶不及이란 말을 유념해야 할 것이다.

1.2 전략적 영업협상의 기본적 유형
— 통합적 협상

협상의 두 번째 유형, 통합적 협상!

협상의 컨셉인 상호간의 이익을 추구하는 전형적인 형태이다. 이는 경쟁과 협력이 상존하면서 궁극적으로는 파트너십을 공고히 해 나가는 상생적 비즈니스이다.

통합적 협상의 마케팅 시사점은 다음과 같다.

1. 상호간의 정보공개를 통하여 신뢰를 구축하고 합리적인 영업이익을 보장하는 동반자 관계의 초석을 이루는 단계이다.
2. 솔직담백한 협상과정을 진행하여 이해관계, 제약조건을 역지사지易地思之의 입장에서 항상 생각하도록 한다.
3. 이견도출로 인한 대안을 개발하여 제안할 경우 그 대안을 개괄적으로 설명하면서 고객의 제안에 대하여도 추가적으로 협상할 수 있는 여지를 열어 놓아야 한다.

4. 상생을 위한 창의적 대안개발 과정에서 시장의 파이를 키우는 데 주력하고 감성적 협상론에서 요구하는 상호간의 이익을 최대화하여야 한다.

통합적 협상은 상호간의 win-win!

거래를 통하여 영업사원은 적정한 영업이익을 얻게 되고 고객의 입장에서는 구매를 통하여 업무효율성과 수익성 측면 그리고 이미지 향상 등에 대한 욕구를 만족하게 되니, 통합적 협상이 바로 상호간의 이익을 추구하는 전형적인 협상의 유형이라고 할 수 있다.

2.1 협상의 장애요인: 보수적 협상자

아집에 사로잡힌 보수적인 협상자와 협상을 진행할 때의 실무적 접근의 마케팅 시사점은 다음과 같다. 먼저 상대방의 BATNA(최선의 대안)를 파악하기 위해서는 자연스럽게 상담분위기를 우호적으로 유도하면서 고객의 마음을 읽을 줄 알아야 한다. 세일즈맨 출신의 영업컨설턴트 케빈 데이비스Kevin Davis는 그의 저서 「고객의 머릿속으로 들어가기」에서 고객니즈를 파악하기 위해서는 우선적으로 고객의 머릿속으로 들어가서 마음을 읽어야 한다고 한다.

이러한 과정을 통하여 고객의 유보가격을 추정하기 위해서는 부드럽게 영업상담을 리드하면서 협상의 주도권initiative을 잃지 않는 것이 우선되어야 한다. 필자는 강의에서 언제나 顧客의 顧자에서 한자 훈인 돌아볼 '고' 客인 손님 '객' 즉 "손님을 돌봐야 하는 것이 고객이다"라고 하여 고객마인드에 대한 철학을 섬김리더십servant leadership의 대상으로 삼으면서, 한편 고객상담이나 협상과정에서는 늘 리드와 주도권을 확보하는 것이 고객철학이라고 역설하고 있다.

보수적인 상대방에게는 먼저 자사의 정보공개에 신중해야 한다. 이는 보수적인 고객은 자사의 영업정책에 대한 사항들을 자기 편의대로 판단하여 무조건 자기주장만을 펼치면서 안하무인격이 될 수 있으므로 순진하게 자사의 판매조건을 공개하는 것이 오히려 역효과를 초래할 수도 있기 때문이다.

정보공유 과정을 통해 상대방의 BATNA를 시험test하라!

이는 자사 제품에 대한 정보를 하나하나씩 상대방의 정보와 공유하면서 동시에 대안을 제시함을 의미한다. 즉, 나의 판매조건인 대안들을 일괄적으로 제시하는 것이 아니라 개별적으로 가정법(if)을 사용하여 제시하는 것이다. 예를 들어,

"만약 요구하신 가격에서 5%만 할인해 드린다면 어떠신지요?"
"납기를 10일 단축해 달라고 하셨는데 5일만 빨리 납품해 드린다면 어떠신지요?"

이렇게 가정법으로 각각 제시해야 만약 상대방이 수용하지 않을 경우에 대비하면서 협상의 진행을 계속적으로 담보할 수 있기 때문이다. 상대방이 가격 5% 할인에 대한 가정을 수용하

지 않는다면 "그럼 가격할인은 5%가 아니라 얼마를 원하시는지요?" 라고 지속적인 협상을 진행할 수 있기 때문이다.

복수의 대안제시로 리드하라!

이는 협상의 실행과정에서 단수로 제시하는 것보다는 복수로 제안하여 대안들의 상승작용synergy의 효과를 달성하려는 데 그 목적이 있다. 예를 들어,

"가격할인에 있어서는 5%만 해 드리고 납기단축은 5일 단축할 수가 있습니다. 아니면 가격할인 없이 납기는 요구조건 대로 10일을 단축해 드리면 어떠신지요?"

협상대안을 복수로 제시하면 개별적으로 대안을 제시하는 것보다도 거래의 전반적인 관점에서의 상호간의 이익을 관찰하여 협상의 기본정신을 추구하게 되고, 따라서 비즈니스에 대한 진정한 파트너십을 발휘할 수도 있기 때문이다.

협상 테이블을 박차고 나가라!

상대방이 아집에 사로잡혀 개선의 여지가 없다면, 즉 가정법으로 대안을 제시하여도 수용 여부에 대한 본인의 의견개진은 하지 않고, 대안개발과 관련된 제안요청도 무시하며, 또한 상호간의 win-win을 배척하고, 계약 체결에 대한 진정성도 보이지

않을 경우에는 경종을 울리는 차원에서 자리를 박차고 나감으로써 정신을 차리게 하는 방법도 경우에 따라서는 유효하다고 한다. 필자의 세일즈 경험에서 보면 이러한 충격요법이 때로는 상호간의 win-win 정신으로 되돌아오게 하는 효과도 있었다.

2.2 협상의 장애요인: 신뢰 부족

상대방의 신뢰가 부족한 경우에 대하여 마케팅 시사점을 도출하여 본다.

근거서류를 제시하라!

상대방이 자사의 진실성에 대해 의문을 제기할 경우에는 상담의 형식으로 불신에 대하여 얘기하지 말고 자료에 입각한 근거서류를 제시하면서 협상을 진행하면 설전과 감정대립 등의 갈등적 분위기를 완화시킬 수 있을 것이다. 왜냐하면 말로 표현해서는 믿지 않는 사람에게 자꾸 말로만 믿으라고 하면 경계하는 태도와 더 나아가서 신경질적인 반응을 보여 협상진행 자체가 불가능하기 때문이다.

고객유형의 대처기법에서 자사 제품의 장점을 소구하는데 고객이 불신할 경우의 대처방법에 대해서는 어프로치 북에 있는 자료를 증거로 제시하라고 했던 것을 기억할 것이다. 마찬가지로 협상에 있어서도 상호간의 불신관계는 '백문이 불여일견百聞而 不如一見'을 상기해 보는 것이 좋을 것이다.

구매협상에서 납품단가를 협상할 때에 원재료의 인상요인 등으로 상대방이 납품단가의 인상을 계속해서 요구한다면 BOM bill of material을 요구하는 것도 근거서류를 제시하는 하나의 방법일 것이다.

합의 준수의 투명성을 주장하라!

협상에 따른 합의사항이 어떻게 차질 없이 진행되어 가는지가 계약 성사의 관건일 것이다. 따라서 상호간의 돈독한 유대관계를 증진하는 일상의 실천방안을 강구하는 것도 일견 사소해 보이는 것 같지만 실제 협상에 있어서는 유익한 결과를 가져오는 경우를 많이 볼 수 있다.

신뢰의 기조 속에서 자연스럽게 회계장부 열람을 하고, 일의 진행속도와 내용에 대하여 상시적으로 모니터링을 통하여 상호보완도 하고, 돌발상황이 발생할 경우에는 창의적인 대안개발로 능동적으로 대처하게 되면 진정한 파트너십이 형성되고 유대관계를 공고히 하게 되는 것이다.

합의 이행의 메커니즘을 요구하라!

상호간에 신뢰구축이 잘 되었다고 하더라도 합의 이행의 과정에서 중간중간 확인절차를 자주 거치다 보면 사소한 일에서 감정의 대립 또는 왜곡현상이 발생할 수 있을 것이다. 이럴 경우에 제도적으로 접근하면 더욱 더 향상된 관계가 정립될 수 있고 나아가 시장의 크기를 더 키우는 발전적 관계정립이 형성되고 더 많은 상호이익을 추구하게 될 수도 있다.

이러한 방안의 일환으로 이행보증금에 대하여 에스크로우 Escrow 계약을 하여 구체적인 대책을 마련하면 상호간의 불신을 사전에 차단하게 되고 또한 배상금과 관련된 제도적인 장치를 하게 되면 서로간의 불신의 요소를 차단하게 되어 업무의 속도에 있어서 매우 효과적일 수 있다.

상대방에 대하여 신뢰가 너무 부족하다고 객관적으로 판단이 되고 직관적으로도 그렇다고 확신이 든다면 아예 거래 자체를 포기하는 것이 좋을 것이다. 필자가 세일즈맨 시절에 좋아하던 비즈니스 경구 중에 이런 말이 있다. “포기할 때에는 과감히 하라!”

필자가 자동차 세일즈맨 시절은 물론 IT(PACS) 영업부장 시절에도 포기할 때에는 과감히 하였던 기억이 있다. 왜냐하면 협상은 상호간의 win-win을 추구하는 것인데, 믿을 수도 없고 인간의 기본이 안 된 고객과의 거래는 오히려 기회비용opportunity cost을 발생시키고 엄청난 대가를 치르게 되기 때문이다.

2.3 협상의 장애요인: 방해꾼

앞에서 비즈니스 2단계는 고객상담을 통한 설득이라고 하였다. 잘 설득하여 고객이 구매를 결정하고 난 뒤 이견도출(가격, 납기단축, 보증기한 연장)이 발생하여 이에 대해 협상을 진행하려 하는데, 고객의 주변인물이 갑자기 나타나서 방해를 하게 되는 경우가 종종 일어난다.

필자의 영업시절에는 이런 인물을 두고 시쳇말로 '고춧가루 뿌린다'라고 하였다. 필자의 경험으로도 가망고객과 상담 또는 협상하는 중에 갑자기 나타나서 훼방을 놓는 가망고객의 친구, 동료 등이 있었다. 이럴 땐 무척 난처하였다. 맞서자니 가망고객을 잃을 것 같고 무시하자니 협상에 방해가 되고~~~. 그냥 빨리 가주면 좋은데 그렇지는 더욱 않고~~~.

이제부터 협상의 방해꾼 출현에 대한 대책을 강구해 보기로 한다.

당위성(why)에 대해 커뮤니케이션하라!

이번 협상이 해당고객에게 얼마나 중요한지, 즉 거래를 통한 고객가치창출 및 고객이 취득하는 편익benefit에 대한 설명과 더불어 이에 따른 비용은 최소화된다는 점으로 이해시켜야 한다. 상황이 답답하고 협상의 실행이 더디게 될지라도 우선적으로 방해꾼을 마크해야 하는 것이다.

편익 제고와 비용의 최소화, 그리고 이번 거래로 발생하는 고객이 얻을 수 있는 상세한 부가가치에 대하여도 차근차근 인내심을 갖고 설명하여야 한다. 이 상황에서는 영업의 컨셉인 설득이 아니라 설명하는 것임을 잊지 말아야 한다.

발생할 이득을 강조하라!

이번 협상이 성공할 때 발생될 상호간의 win-win에 대하여 구체적으로 설명한다. 반면 이번 거래가 실패할 경우 마이너스 부분에 대한 역효과에 대하여도 이해를 시킨다. 이때 방해꾼은 자기 때문에 협상이 실패하여 해당고객에게 손실이 발생한다면 심적인 부담감을 갖게 되어 자중하게 되는 것이 인지상정일 것이다.

그러나 방해꾼이 정신의학적으로 비정상적이라면 어찌 할 수가 없을 것이다. 그럴 때는 신속하게 작전상 후퇴하여 예외적인 상황발생에 능동적으로 대처해야 한다.

거부하게 하는 자들에게 새로운 역할을 제공하라!

협상을 거부하게 하는 자들에게 이번 협상이 결국은 본인에게도 향후 중요한 의미를 부여하게 된다는 것을 인식시키는 것이다. 이번 거래의 계약체결로 새로운 일거리가 생기고 거기에 필요한 인력과 설비 그리고 자재 등이 방해꾼 본인의 업무와도 연결될 수 있다는 가능성을 제시함으로써 오히려 방해꾼에서 조력자로 역할이 대체되어야 함을 인식하게 만드는 것이다.

영향력을 가진 인물과 협력관계를 구축하라!

손자병법에 따르면 벌교伐交라는 전략이 있다. 벌교란 싸우지 않고 이기는 차선의 방책인데, 외교전략을 수립하여 적의 음모를 차단하는 것을 뜻한다. 즉, 도저히 방해꾼을 다룰 수 없다면 제3자의 영향력으로 더 이상 방해행위를 못하게 하도록 협조요청을 하는 것이다. 요즈음 NQnetwork quotient지수가 높아야 한다는 것도 이런 맥락을 두고 말하는 것이다.

방해꾼에게 영향력을 행사할 수 있는 인물을 찾아내어 도움을 요청하는 것이 논쟁하지 않고 협상에서 이기는 것이다. 즉 전승戰勝이 아니라 온전하게 협상목적을 달성하는 전승全勝을 거두게 되는 것이다.

방해꾼! 인내심을 갖고 이성적 태도를 견지하견 방해꾼은 아무런 존재가치도 없는 것이다.

세계적인 성공 동기부여가인 브라이언 트레이시Brian Tracy의 주문대로 한번 해 보기 바란다.

"이건, 내 책임이다! 나는 내가 좋다! 나는 내가 좋다!"

2.4 협상의 장애요인: 문화와 성적 차이

문화적 차이와 남녀 간의 차이란 과연 무엇일까?

언어와 사고방식, 의견, 소통스타일, 개성 등은 문화와 사회적 역학관계 등이 복합적으로 작용하여 형성되는 것이다. 여기서 문화culture란 동시대를 살아가는 우리들의 생각과 행동 그리고 신념 등을 총칭하는 것이라고 볼 수 있다.

우리는 다른 사람들의 이해할 수 없는 행동을 그들의 문화 탓으로 돌리는 경향이 있다.

예를 들어, 이탈리아 엔지니어는 자국의 예술가보다 독일의 엔지니어들과 더 많은 공통점을 가지고 있을 수도 있고, 여성 변호사는 여성 음악가보다 오히려 남성 변호사들과 더 많은 공통점을 가지고 있을 수도 있다.

비즈니스맨들은 협상에서 결렬되거나 거래에서 실패할 때에 그 원인을 문화적 차이와 남·녀의 성적인 차이로 돌리는 경우가 종종 있다. 그들은 쉽게 단념하며 이렇게 말한다. "문제는 그녀가 여성이라는 점이야. 의견충돌과 장애물에 제대로 대처할 리가 만무하지." 또한 문화적 차이에선 "그가 또 늦었어. 중국사람들의 만만디는 알아줘야 한다니까."

이런 식의 성性과 문화의 탓으로 협상의 실패에 대해 변명해서는 안 된다. 협상에서의 문제를 무조건적으로 성이나 문화의 차이 탓으로 돌리다 보면 그 여성 협상자를 통해 드러나는 그녀 회사의 협상결렬의 주된 사유를 간과해버릴 수도 있고, 그 중국사람 회사의 판매정책에 관한 문제, 회사의 내부문제점 등을 눈치채지 못하여 협상의 핵심을 놓칠 수가 있는 것이다.

조직문화의 차원에서 상대방 회사가 관료주의인지 아니면 기업가 정신의 문화를 갖고 있는지 간파해야 한다. 관료주의 문화에 젖어 있는 상대방과 협상을 진행하는 경우에는 상호간의 이익 추구를 전면에 내세우기보다는 그 회사의 명분을 살려주는 것이 협상전략상 유리할 것이다. 왜냐하면 격식을 중시하고 협상과정에서의 기본적 절차에 의미를 두기 때문에 협상을 마무리하는 데 있어서도 많은 시간을 요구할 때가 있다. 따라서 그들의 형식에 따라가는 것이 더욱 효과적이기 때문이다.

반면, 기업가 정신의 문화를 가진 회사의 담당자와 협상을 진행할 경우에는 상호이익을 바탕으로 격식과 절차에 구애됨이 없이 실사구시의 정신으로 신속히 협상을 진행하는 것이 좋다. 즉 효율적인 협상 프로세스를 기반으로 하여 성과창출의 극대화를 도모할 수 있게 되는 것이다.

협상파트너가 누가 되느냐가 바로 영업효율성에 있어서 행운의 여신女神을 만나게 되는 것인가 아닌가를 결정하게 되는 것이다.

2.5 협상의 장애요인: 소통의 차이

커뮤니케이션상의 문제!

소통의 중요성이 널리 인식되는 것과 더불어 이제는 더 나아가 감성적인 커뮤니케이션이 비즈니스 성공의 필수조건으로 대두되고 있다. 2008년 도요다, 혼다자동차가 미국시장에서 무이자 할부조건으로 미국 소비자의 마음을 얻으려고 할 때 현대자동차는 '실직자 보장 프로그램'으로 구매자가 실직을 하면 그 차를 다시 현대에서 사주는 판매촉진 프로그램을 실시해 많은 소비자들에게 감성적인 고객감동을 실현해 성공한 사례가 그 하나이다.

커뮤니케이션은 협상의 전달수단이다. 소통 없이는 협상을 실행할 수가 없는 것이다. 커뮤니케이션에 있어서 문제가 발생하면 거래 자체를 망쳐버릴 뿐만 아니라 상호간 불신과 분쟁을 일으킨다. 혼동, 오해, 표현상의 소통의 문제로 협상이 표류하고 있다는 생각이 들면 다음을 시도해 보기 바란다.

휴식시간을 가져라!

지금까지의 협상과정에 있어서 무엇이 어떻게 그리고 누구에 의해 커뮤니케이션이 문제가 되었는지 되새겨 보라. 협상 중에 나타난 소통의 문제점에 어떤 패턴이 있는지 찾아보라. 어떤 문제의 이슈 때문에 혼동과 오해가 생겼는가?

대안제시에 있어서는 가정법(if)으로 제안하였는가?

대안제시를 가정법으로 표현하여도 상대방이 수용하지 않았을 때 상대방에게 거듭거듭 제안 요청을 다음과 같이 분명히 하였는가?

영업사원: 만약 제가 가격을 100만원 할인해 드린다면 어떠신지요?

고객: 수용하기가 좀 어렵네요.

영업사원: 그렇다면 얼마로 해야 하는지 다시 한번 제안을 요청 드리고자 합니다만?

협상이 재개되면 비난조가 되지 않도록 조심하면서 그 이슈를 다시 제기하라. 상대방이 그 이슈에 관한 자신의 니즈를 말하도록 유도하라. 그리고 무엇보다도 역지사지易地思之의 입장에서 적극적으로 경청하라. 그리고 나서 영업 니즈needs 즉 당신 회사의 적정이윤 창출과 본인의 입장 등을 설명하고 상호간의 이익 추구를 위한 협상의 걸림돌을 명확히 규명하여 타결될 수 있도록 진행하라.

격노시킨 장본인은 당장 교체하라!

우리 팀의 담당자가 상대편을 격노시켰다면 다른 사람으로 즉시 교체하라. 만약 상대편 회사에서도 우리 쪽 담당자들을 격노시켰다면 상대방에게도 똑같은 조치를 취해달라고 요구하여야 한다.

협상과정의 진전상황을 공동으로 기록해 두라!

여러 단계로 진행되는 협상에서는 특히 대안이 여러 개일 경우에는 그런 기록들이 특히 중요하다. 누군가 "그 건에 대하여 합의한 적이 없는데요"라고 말할 때에는 그런 기록들이 큰 도움이 될 수 있다.

3.1 전략적 협상의 평가방법

협상의 화두는 역시 상호간의 win-win이다. 상호간의 이익을 추구하는 협상과정 그리고 고객과의 향후 관계에까지 영향을 미칠 협상결과에 대한 평가방법에 대하여 알아 본다.

1. 우호적 관계 유무

시종일관 우호적으로 협상이 잘 진행되었다 하더라도 이상적인 결과를 도출했다고 단언할 수는 없다. 오히려 약간의 긴장, 불신, 갈등이 협상과정에서 더 큰 신뢰를 쌓는 계기가 되는 경우가 많다. 물론 "끝이 좋으면 다 좋다"라고 세익스피어가 얘기했듯이 반드시 유종의 미를 거둬야 함은 물론이다.

2. 커뮤니케이션(장소 선정에 대단히 유의)

협상은 사소한 것에서 결렬될 수 있다. 서로간의 감정조절이나 표정관리 그리고 사례의 제시 등에 있어서 장소 선정은 매우 중요한 요소로 작용한다. 특히 민감하고 세밀한 감정적 사고를 수반하는 대안제시에 있어서는 서로 곡해를 일으킬 개연성이 있을 수 있으므로 상대방의 취향과 기호에 맞는 장소를 선정한다면 금상첨화의 결과를 가져올 수도 있다. 그러므로 비즈니스맨은 자기 지역의 좋은 장소들을 항상 세밀하게 파악하고 있어야 한다.

필자의 경험으로는 베스트 비즈니스맨이나 공무원들과 함께 식사를 하다 보면 좋은 음식과 멋진 장소를 자연스럽게 섭렵하게 되니 참고하면 도움이 될 것이다.

3. 이해관계의 상호만족

협상이 타결되면 상호간에 기분 좋게 만족하여야 한다. 그것이 협상의 화두이기도 하지만 비즈니스의 궁극적 목표인 파트너십의 초석이 되어 향후 지속적인 거래가 가능하기 때문이다. 그리고 상호간에 만족을 최대화하기 위해서 신뢰를 바탕으로 시장의 파이를 키우게 되면 더 많은 이익을 서로가 추구할 수도 있다.

이를 확실히 하기 위해서는 상시적이고 체계적인 고객관계관리CRM가 요구된다.

4. 대안 개발의 최적화

먼저 이견도출을 해결하기 위한 협상과정에서 대안을 개발하여 제시한다. 만약 상대방이 우리가 제시한 대안을 수용하지 않는 경우에는 다시 한번 상대방의 제안을 정중히 요청한다. 이러한 상호간의 이견도출 해결을 위한 협상과정에서 마음을 열고 상호 호혜의 원칙에 충실하다 보면 궁극적으로 서로가 만족할 수 있는 대안으로 계약을 체결하게 된다.

5. 정당성

협상의 모든 과정은 정당해야 한다. 상호간의 이익을 위해서는 물론이고 기업의 사회적 책임CSR 측면에서도 정당해야 한다.

6. BATNA

협상을 통한 최선의 대안, 즉 BATNA에 대해서는 우선 자신의 BATNA를 잘 알고 있어야 언제 협상을 진행하고 언제 작전타임을 걸고 언제 포기하는지에 대한 전략적 사고를 할 수 있다.

7. 신 뢰

신뢰는 비즈니스 3단계인 협상의 단계에서뿐 아니라 모든 단계에서의 성공적 비즈니스의 필수조건이다. 스티븐 M. R. 코비는 「신뢰의 속도」*The Speed of Trust*에서 상대방과의 신뢰가 높으면 업무속도 즉 협상의 과정이 신속하게 진행되고, 비용 즉 시간적 · 정신적 · 경제적 비용은 최소화된다고 하면서 3년 전부터 전 세계 30개국에서 신뢰의 중요성과 효과를 설파하고 있다.

3.2 전략적 협상의 평가방법
— 최적의 대안개발

협상을 평가하는 방법은 어떻게 BATNA 즉 최선의 대안을 개발하느냐에 달려 있다. 왜냐하면 협상의 화두는 상호간의 win-win을 추구하는 것을 목적으로 하는데, 어떤 대안으로 계약을 체결하는 것이 최선인가가 성공의 관건이 되기 때문이다.

대안개발 5가지를 통하여 실무적 접근의 마케팅 시사점을 도출하여 보기로 한다.

사례: 고객이 자동화 로봇 1대를 구입하면서 보증기간에 대해서 6개월 더 연장을 원할 경우

첫 번째로, 최선안인 교환trade-off방식은 다음과 같다. 고객이 보증기간을 6개월 더 연장해 달라고 요구할 경우에 수락하여 준다. 그리고 자사 입장에서는 추가로 1대 더 구매할 것을 요구한

다. 그러면 고객은 6개월 더 연장해서 win하고, 자사 입장에서는 1대 더 판매하여 win하는 상호간의 이익을 추구하게 되는 최상의 협상인 것이다.

두 번째로, 교환 다음으로 차선책인 강화reinforcement가 있다. 고객의 추가구매가 현실적으로 어려울 경우 고객존중 차원에서 서비스품목 등을 증정하는 것이다. 단, 서비스품목 증정인 경우의 전제조건으로 다음 두 가지를 충족시켜야 한다.

1. 영업이익에 크게 마이너스가 안 되는 경우(매출의 목적은 영업이익 창출에 있기 때문)
2. 시장에 나쁜 선례를 남기지 않는 경우(경쟁사의 개입과 출혈경쟁으로 인한 치킨게임의 우려 때문)

위의 사례에서 세 번째는 우리는 흔히 '협상합시다'라고 하면서 서로 반반씩 양보를 하는데, 그것은 협상 자체가 아니라 절충split the difference이다. 보증기간을 3개월만 더 연장하기로 합의하고, 전제조건으로 강화의 조건 두 가지를 역시 충족시키도록 한다면 이 경우가 바로 절충에 해당한다.

네 번째로 양보concession를 들 수 있다. 6개월 연장을 원하는 고객의 조건을 수용하는 것인데, 이 경우에는 다음과 같은 전제조건이 요구된다.

1. 향후 거래선 확보방안으로 약간의 영업손실을 초래하면서 멀리 내다 보는 전략적 방법이다.

2. 양보를 하는 데 있어서도 강화의 전제조건을 어느 정도는 충족시켜야 한다. 여기서 어느 정도라고 필자가 주장하는 이유는 영업특성상 때로는 정도와 원칙을 고수하기가 힘들기 때문에 상황과 고객특성에 따라 유연하게 대처하는 상황이론이 대두되기 때문이다.

다섯 번째로, 교환을 비롯한 모든 대안들로써도 협상타결이 불가능한 경우에는 '멋지게' 포기walk-away를 선언한다. 포기는 상호간의 이익을 추구하기가 어렵기 때문에 발생하는데, 단지 해당거래만을 포기함을 의미한다. 이 경우에 다음과 같은 두 가지 깊은 뜻을 지니게 된다.

1. 고객존중의 사상 즉 고객가치창출의 어려움을 우회적으로 토로하는 것이다.
2. 파트너십에 대한 기대공감으로 향후 거래에서는 상호이익을 제고하기 위한 신뢰조성을 하는 것이다.

필자의 아이가 초등학교 저학년일 때 햄버거를 사달라고 하면 그냥 사주면 양보 즉 네 번째 순위가 되기 때문에 최선의 대안인 교환의 방식을 적용하기 위하여 이렇게 제안하였다.

"아빠하고 체육관에 가서 운동하고 난 뒤에 햄버거 사 먹자."

그러면 아이가 체육관까지 따라 온다. 체육관에서 매달리기, 윗몸일으키기, 자전거타기 등을 가르쳐 준다. 이렇게 1시간쯤 운동하고 난 후 햄버거를 사 준다. 그러면 이 경우 어떻게 서로 win-win했을까?

필자는 아이가 성장발육기일 때 건강과 몸의 균형을 이루게 함으로써 win하였고, 아이는 햄버거를 먹어서 win하였다. 그래서 햄버거를 사달라고 하면 이런 방식으로 2~3년을 보냈다.

그러던 어느 날 필자가 운동하고 햄버거 사 먹자고 했더니 아이가 이렇게 반응한다. "또 수작부리시네요." 그 후에는 최선안인 교환의 실행은 종막을 거두게 되는 것이다.

이와 같이 우리 삶은 일상에서도 협상의 연속이다. 예를 들어, 점심 때 나는 설렁탕을 먹고 싶은데 동료는 짜장면을 먹고 싶다고 하면 협상을 해야 한다. 이 때 교환방식은 무엇일까? 하루씩 교대로 하든지 아니면 설렁탕으로 결정했을 때에는 설렁탕을 주장한 사람이 밥값을 지불한다든지 등등 그 경우의 수는 무궁무진할 것이다.

3.3 전략적 협상의 평가방법
— 협상강화기법 세 가지

협상의 실행에서 최적의 대안개발 최선안BATNA을 강화하는 기법 세 가지를 알아 본다. 로저 피셔Roger Fisher와 윌리엄 유리William Ury에 의해 창안된 개념인 'BATNA'는 '협상을 통한 합의안에 대한 최선의 대안'Best Alternative To a Negotiated Agreement이란 뜻이다.

1. 자신의 BATNA를 개선하라

부가가치를 극대화하는 방안으로서 옵션을 제안하는 방법이다. 예를 들어,

의뢰인: 3개월 기간으로 영업전략보고서를 제출하기 바랍니다.

컨설턴트: 그런데, 만약 컨설팅 비용으로 10%만 더 지출하신

다면 경쟁사의 영업동향관련의 보고서도 함께 제출할 수 있는데 어떠십니까?

추가 옵션으로 경쟁사의 영업관련 자료도 제출하는 방법으로 의뢰인은 경쟁사의 영업동향을 파악해서 좋고, 컨설턴트는 추가로 10%의 이익을 창출하게 되어 좋다. 이러한 사례가 상호간의 이익인 BATNA를 개선하는 것이다.

이 때 옵션은 은근슬쩍~~~, 자연스럽게 제시하는 것이 좋은 결과를 가져올 것이다.

현재 주어진 거래에서 독자의 BATNA를 개선할 수 있는 방법으로 어떤 것들이 있는지 생각해 보자.

2. 상대방의 BATNA를 파악하라

① 업계에 정통한 사람과 접촉한다.

업계정보에 밝은 사람과의 교류를 통하여 거래와 관련된 시장정보와 상대방의 특성, 그리고 이번 거래가 상대회사에서 차지하는 비중 등을 파악한다.

② 상대회사의 연차보고서와 공공기록 등을 검토한다.

상대방 회사의 재무건전성과 관련된 자료로써, 영업이익과 당기순이익에 대한 정보를 파악하고, 지역사회에 있어서의 사회적 책임CSR을 다하는지도 알아보고, 또한 관련단체와 협회의 동향 등을 통하여 대외적인 이미지 관리를 어떻게 하느지를 알아본다.

③ 상대회사의 다른 내부인을 통하여 정보탐색을 한다.

비공식적 채널을 통하여 상대방의 다른 부서의 직원으로부터 상대방 성격의 유형, 부서에서의 입지, 이번 거래가 차지하는 비중 등을 알아보아 협상의 실행에서 참고자료로 활용한다.

④ 역지사지易地思之

상대방의 입장이 되어 이번 거래를 통하여 상호간의 이익추구를 하기 위해서는 이해관계를 어떻게 조율하여 고객욕구를 만족시킬 것인가를 생각하여 본다. 지피지기知彼知己 백전불태百戰不殆!

3. 상대방의 BATNA를 약화시켜라

① 벌교伐交

손자병법에서 승리하는 전략적 방법 네 가지 중 벌모伐謨 다음으로서 벌교는 '싸우지 않고 이기는 방법'인 차선책이다. 즉, 외교적 전략으로 상대방의 무리한 요구로 인한 협상결렬을 제3

자의 지원으로 원만한 협상을 타결하는 온전한 방법이다. 따라서 평소에 사회활동을 충실히 할 것과 업계 및 협회관계자 등과의 원만한 인맥관계를 유지·발전시킬 것이 요구된다.

② 이이제이以夷制夷

적은 적을 통하여 제압한다! 도저히 협상타결이 불가능할 경우에는 상대방에게 경쟁사와 접촉하여 협상할 수 있도록 기술적으로 발판을 마련하여 상대방의 요구가 무리하다는 것을 경쟁사를 통하여 우회적으로 깨닫게 하는 고도의 협상전략이다.

3.4 전략적 협상의 평가방법
— 대안이 없을 때

협상을 실행할 때 상대방 회사가 독점적인 공급사로 우월적 지위를 가지고 있을 경우에는 어떠한 대안도 없으므로 상대방의 처분만을 기다려야 하는 난처한 입장에 처하게 된다. 칠레의 콜번Collbun회사에서 있었던 협상의 실제 사례를 통하여 마케팅 시사점을 도출하여 보기로 한다.

콜번 회사에 전기를 독점적으로 공급하는 상대방 회사가 어느 날 독점적 지위를 이용하여 터무니 없이 과다한 비용을 청구하자 아무런 대안이 없는 콜번 회사는 고육지책으로 다음과 같이 대안을 개발하여 합리적인 가격으로 협상을 타결했다고 한다.

1. 송전선로 설계

공급사의 횡포에 시달리기보다 차제에 전력공급시설을 직접 설치하기 위한 준비로 시설물의 설계를 실시하였다. 이 때 공급사는 "저러다 말겠지"하고 의미를 전혀 부여하지 않았다.

2. 사업타당성 조사

그러자 콜번 측에서는 전력공급 설비시설과 운영에 따른 사업타당성 조사를 전면적으로 실시하였다. 이 시기에서도 상대방 회사는 "그래도 설마 공장설립을 할 수 있겠어" 하면서 상호이익을 추구하는 합리적인 협상을 진행할 의도를 전혀 보이지 않았다.

3. 건설계약 입찰공고

이번에는 콜번 측에서 적극적으로 공장건립을 추진하고자 건설계약에 대한 입찰공고를 신문에 게재하였다. 아주 강력한 의지를 대내·외적으로 천명한 것이다.

이쯤 되어서야 상대방 회사는 거래처를 잃지 않기 위하여 협상의 정신 즉 상호간의 win-win을 추구하는 협상을 실행하게 되었다.

상대방이 무리한 요구를 해도 대안이 전혀 없는 상황에서 BATNA를 개선하는 콜번의 사례로부터 우리는 협상을 실행할 때 자신의 BATNA를 어떻게 벤치마킹benchmarking할 수 있는지를 사려깊게 검토해야 할 것이다.

3.5 전략적 협상의 평가방법
— 강력한 BATNA vs 열등한 BATNA

강력한 BATNA vs 열등한 BATNA!

협상을 통해 상호간 윈-윈win-win이 안 될 경우에는 협상을 절대 시도해서는 안 된다.

만약 당신의 BATNA가 강력하다면, 비록 협상이 결렬되더라도 자신이 의지할 수 있는 더 나은 무언가를 가지고 있음을 인식하고 있기 때문에, 보다 유리한 조건을 끌어내기 위해 협상을 계속할 수 있다. 반면, 열등한 BATNA를 가지고 있다면, 당신은 협상에서 불리한 입장에 놓일 수밖에 없게 된다.

당신이 현재 어떤 협상을 진행하고 있든지 간에 잠시 시간을 내어, 그 협상이 실패할 경우 당신이 선택할 수 있는 최선의 대안은 무엇인지 생각해 보라. 당신은 그런 대안을 가지고 있는가? 만약 가지고 있다면 그것은 강력한가 아니면 열등한가? 그

것을 수치화할 수 있겠는가?

당신의 대안을 강화하라. 열등한 BATNA를 가지고 있다고 해서 거래가 끝난 것은 아니다.

다음은 협상에서 자기의 입장을 강화시킬 수 있는 세 가지 접근방식인데 사례를 통하여 검토해 보기로 한다.

1. 나의 BATNA를 개선하라.
2. 상대방의 BATNA를 파악하라.
3. 상대방의 BATNA를 약화시켜라.

나의 BATNA를 개선하라.

BATNA는 이미 정해져 있는 것처럼 보인다. 예를 들어, P사는 새로운 의뢰인과의 협상이 결렬되더라도 선택할 수 있는 5,000만원 상당의 다른 일거리를 이미 확보하고 있는 상태라고 가정해 보자. 그러나 그 용역 건을 더 크게 키울 수도 있을 것이다. 그렇게만 된다면 P사의 BATNA는 개선되는 것이고, 협상을 훨씬 유리하게 끌고 갈 수 있다. 예컨대, 컨설턴트는 그 용역을 맡긴 의뢰인에게 전화를 걸어 다음과 같이 제안할 수 있을 것이다.

"의뢰인께서 저희 회사에 맡기신 마케팅 조사 용역과 관련해서, 컨설팅 비용을 조금 추가한다면 조사 범위를 확대해서 경쟁사의 제품들에 대한 매출자료도 포함시킬 수 있을 텐데, 어떠세요?"

만약 그 프로젝트의 규모를 확대하는 것에 대해 의뢰인의 허락을 받아낸다면, 이제 컨설턴트의 새로운 BATNA는 5,000만원에서 7,000만원 상당의 일거리로 그 가치가 높아지는 것이다.

상대방의 BATNA를 파악하라.

상대방의 BATNA를 알게 되면 협상에서 유리한 입장에 서게 된다. 거래에 대한 상대방의 대안이 당신의 대안과 비교해볼 때 더 강력한가, 아니면 열등한가? 협상을 할 때 상대방의 BATNA에 대한 정확한 추정은 당신에게 큰 도움이 될 수 있다.

나아가 상대방의 BATNA에 대한 정보를 얻을 수만 있다면 당신에게 큰 도움이 된다. 그러나 그런 정보를 어떻게 얻을 수 있을까? 상대편 협상자는 자신의 BATNA가 매우 강력하지 않는 한 절대 말하지 않을 것이다. 어쩌면 자신의 BATNA에 대해 부풀려서 이야기할지도 모른다. 하지만 상대방의 여건을 파악하는 것이 가능한 경우도 종종 있다. 협상을 하면서 질문을 통해서도 상대방의 BATNA를 파악할 수 있지만, 그 전에도 다음과 같은 방법들을 활용하여 파악할 수 있다.

[상대방의 BATNA 파악 요령]

- 해당 업계에 정통한 관계자를 통해 정보를 입수한다.
- 해당 업종의 정기간행물을 탐독한다.
- 상대 회사의 협상자나 다른 내부인에게 비공식적으로 물어본다.
- 역지사지의 입장에서 상대방의 이해관계와 욕구들을 생각해본다.

상대방의 BATNA를 약화시켜라.

상대방이 선택할 수 있는 최선의 대안을 약화시킬 수만 있다면, 당신의 입장은 상대적으로 강화되는 것이다. 어떤 경우에는 상대방의 BATNA를 약화시키기 위해 직접적인 방법을 사용할 수도 있다.

예를 들어, 김수현씨는 5년 전부터 개인적으로 편의점 가게를 운영하고 있는데 프랜차이즈 A사에서 가게를 인수하기 위해 협상을 진행하고 있었다. 그런데 그 가게 옆에서 장사하고 있던 박사장은 이미 몇 달 전부터 그 가게를 보증금 포함하여 1억 5천만원에 인수하고 싶다고 했기 때문에, 김수현씨는 A사와의 협상이 결렬되더라도 최선의 대안은 1억 5천만원이라고 생각했다.

그러데 얼마 후 A사는 그 박사장의 가게를 대안으로 인수하기로 하였다. 이때의 김수현씨의 심정은 어떠했을까? 굳게 믿고 있던 대안이 한순간에 사라져버림으로써, 김수현씨는 A사에 비해 상대적으로 불리한 입장에서 협상을 진행할 수밖에 없었다.

이 사례에서 A사는 김수현씨의 대안을 완전히 무력화시켰다. A사의 제안을 받아들이지 않을 경우 김수현씨가 선택할 수 있는 유일한 대안은 편의점을 계속 운영하는 것으로 되어버렸다. A사는 김수현씨의 BATNA를 약화시킴으로써 자신들의 입장을 상대적으로 강화시켰던 것이다.

물론, 김수현씨의 입장이 협상을 완전히 포기할 정도까지 갔다고는 말할 수 없을지도 모른다. 김수현씨도 BATNA를 강화시키는 조치를 취할 수 있기 때문이다. 예를 들어, A사와 경쟁관계에 있는 또 다른 프랜차이즈업체를 게임에 끌어들여 경쟁시키는 방법도 생각해볼 수 있을 것이다.

4.1 ZOPA

'ZOPA'zone of possible agreement는 협상 당사자들을 모두 만족시켜 윈-윈 거래를 할 수 있는 협상영역이라고 정의할 수 있다.

전략사업본부의 확장으로 큰 사무실을 매입하려고 협상에 나선 총무과 송과장은 자신의 가격에 대한 대안을 평당 700만원으로 정해 놓았다. 그렇게 생각했지만 당연히 그보다 적게 주고 매입하고 싶었을 것이다. 물론 매수인은 알 길이 없지만, 매도인 측에서는 가격을 650만원으로 정해놓고 있었다. 그것이 그가 받고자 하는 최소한의 금액이었다. 따라서 이때 ZOPA는 650만원과 700만원 사이의 영역이 되는 것이다.

매수인: "650만원 드리면 어떻겠어요? 그 정도면 저희 회사는 매입할 의향이 있는데."

매도인: "하, 아시다시피 이 건물시세는 그보다 더 나갑니다. 부동산에 680만원에 내놓고 기다리고 있습니다. 그 정도는 충분히 받을 수 있을 것입니다."

매수인: “글쎄요. 거래가 있어봐야 알 수 있지 않겠어요? 꼭 파실 의향이 있으시다면, 660만원으로 합의하고 계약합시다.”

매도인: “더 이상 말하지 않겠습니다. 670만원에 결정하세요.”

매수인: “그럼 그럽시다. 670만원으로 계약합시다.”

이와 같은 사례는 주변에서 흔히 볼 수 있다. 양측은 유보가격을 마음 속으로 정해놓고 협상에 임했으며, ZOPA 내에서 타협점을 찾아 거래를 성사시켰다. 그렇게 함으로써 양측 모두 윈-윈 하는 결과를 얻게 되었던 것이다.

[협상을 통한 가치 창출]

협상과 관련하여 반드시 알아야 할 또 하나의 기본개념은 ‘거래를 통한 상호간의 가치 창출’이며, 고객만족은 고객가치 창출에서 나온다. 이 개념은 상호간에 양보할 수 있는 가치를 서로 주고받음으로써 윈-윈할 수 있는 대안개발을 의미한다.

잠시 당신이 현재 진행하고 있는 협상에 대해 생각해보자. 협상 상대가 고객일 수도 있고 협력사나 유통업자일 수도 있다. 서로의 입장에서만 이익을 추구하려고 무리한 협상을 하고 있지는 않은가?

이제 자사의 입장에서 시장에 나쁜 선례를 남기지 않고 또한 영업이익에도 크게 손실을 초래하지 않는 범위에서 상대방과

윈-윈할 수 있는 대안에 대해 잠시 생각해보자. 사실, 상대의 입장에서는 소중하지만 자신의 입장에서는 그다지 중요하지 않은 것을 찾기란 쉽지 않다. 그 반대의 경우도 마찬가지일 것이다. 그러나 상호간의 윈-윈을 추구하는 협상의 가치를 안다면 상대방의 입장에서 조금만 더 생각하고 대안을 개발하기 위하여 노력할 것이다. 그것이 바로 '상호간의 가치 창출'이다. 그러기 위해서는 당신이 먼저 자신에게 소중한 무언가를 내어놓고 상대방에게 그 대가를 요구해야 하는 것이 올바른 태도일 것이다.

5.1 협상의 개념

필자는 협상기법 실무교육을 간명하게 3장으로 구성하고 있다. 1장에서는 협상의 개념concept을 정립한다. 협상을 왜 하는지, 언제 해야 하는지, 대안과 대안의 조합은 무엇인지를 학습하는 것이다. 협상은 반드시 상호간의 win-win을 추구하는 것을 목적으로 해야 한다. 역설적으로 win-lose 또는 lose-lose인 경우에는 절대 협상을 해서는 안되는 것이다. 왜냐하면 비즈니스 협상이란 갑과 을 어느 한 쪽만을 위하여 거래를 형성하는 것이 아니기 때문이다.

협상시기timing는 언제가 좋을까? 두 가지 경우를 들어 설명하기로 한다.

1. 조건부일 때

예를 들어, 상대방이 가격에 대해 5% 할인을 요구하였을 때 다음과 같은 조건부로 상담을 하는 것이다.

"만약 5%만 할인해 드린다면 계약체결을 하신다는 말씀이지요?"

이 만약(if)에라는 조건부는 실제 협상에서 커다란 위력을 보여준다. 왜냐하면 5% 할인 요구시 그냥 수용하게 될 경우에는 또 다른 요구조건을 들고 나올 수 있음을 사전에 차단하는 효과가 있기 때문이다.

필자는 삼성메디슨에서 IT(PACS)영업부장 시절에 주기적으로 영업교육을 실시한 바 있었다. 어느 날 대리점과 계열사를 대상으로 협상교육을 하였는데, 마침 필자와 동갑이며 건국대학교 부교수이자 계열사 오스테오시스의 대표로 있는 안영복 교수가 참여하였다. 강의종료 후 인사도 없이 나가는 모습을 보면서 속으로 "뭐 저래, 교수가 ~ 쯧쯧" 하였는데, 자리로 돌아가서 메일을 확인해 보니 이런 글이 올라와 있었다.

"오늘 강의 중에 조건부 제시에 대해서 많은 걸 배우게 되어 진심으로 고맙습니다."

이런 내용이었다. 본인은 카이스트 박사 출신으로서 골밀도 측정기를 땀과 눈물로써 발명하였는데, 판매를 어떻게 해야 할지 속수무책이어서 메디슨 대리점의 채널을 활용하는 수밖에 없었다고 한다. 그런데 납품가 협상에서 대리점사장들이 계속해서 납품단가 인하를 요구하여 비즈니스에 회의감이 들던 차에 강의에서 알게 된 조건부협상을 통하여 그 문제가 풀렸던 것이다.

이견도출이 발생할 경우에는 반드시 조건부로 제시함으로써 더 이상의 추가 요구와 또 다른 요구를 사전에 차단하여야 한다.

2. 상담스킬의 한계

다시, 비즈니스 4단계로 가보자.

먼저 1단계가 신뢰구축이고, 2단계가 영업상담기법으로 경쟁사보다 좋은 자사 제품과 서비스의 장점으로 설득하는 것이다. 앞에서 2단계에서 설득과 동시에 계약을 체결하면 영업이익의 최대화가 실현된다고 하였다. 즉 협상 자체는 좋지만 협상과정, 즉 3단계 없이 2단계에서의 계약체결이 최상책이라고 했던 것을 기억할 것이다.

그렇지만 고객을 설득하였더라도 가격인하, 납기단축, 보증기한 연장 등의 요구사항이 도출되었을 때에는 어찌할 수 없이 상호간의 이익추구를 위한 협상을 진행해야 하고, 협상 과정에서 갑의 요구를 어느 정도는 수용하는 수밖에 없으므로 영업손실 발생은 불가피할 수밖에 없게 된다.

5.2 협상의 세 가지 핵심개념

여기서 협상의 주요 용어이면서 협상을 실행하는 데 필수불가결한 요소 세 가지를 다시 한번 학습하도록 한다.

1. BATNA의 사례 연구

다음은 15세기 중엽에 있었던 실제 사례이다. 영국의 왕 에드워드 4세가 어느 날 프랑스의 왕 루이 11세에게 선전포고를 하였다. 이 때 유럽에서 가장 교활했던 루이 11세는 자신의 BATNA 즉 최선의 대안으로 항복이라는 대안을 사용하게 된다. 협상체결의 조건은 매년 5만 크라운을 상납하는 것이었다. 이로써 자국의 국민과 병사, 국가의 재산 그 모든 것이 안전하게 되었다.

평화를 추구하는 것이 루이 11세의 BATNA(최선안)이었던 것이다.

루이 11세는 이렇게 말한다.

“나는 고기 파이와 와인으로 그들을 물리쳤다.”

이것이 바로 자신의 BATNA를 알고 협상을 실행하는 좋은 사례이다. 따라서 협상에 나서기 전에 반드시 다음과 같은 자문자답을 해야 한다.

“이번 거래에서 나에게 가장 이상적인 결과를 가져오게 될 BATNA는 무엇일까?”

S사의 김부장과 홍대리의 사례를 예로 들어 보기로 하자. 김부장이 가장 신임하고 있고 능력도 부서에서 제일 출중한 홍대리가 집에서 아이를 돌보기 위하여 1년간 휴직을 요청한다. 홍대리는 업무인수인계, 현재업무의 최종기한 등에 대하여 철저하게 준비하였고, 반면 김부장은 아무런 준비가 되어 있지 않았다. 이 경우 상호간의 이익을 추구하는 최선의 대안 즉 BATNA는 무엇일까?

- 휴직기간 1년을 단축하도록 협상한다.
- 휴직기간을 덜 바쁜 시기로 조정한다.
- 휴직기간 동안 홍대리의 역할을 대체할 수 있는 비상인력 계획을 수립한다.

이제는 공통의 이해관계와 협상타결에 대한 최선안을 실행하기 위하여 대안개발을 할 수 있을 것이다. 예를 들면,

- 홍대리의 근무시간을 오전 9시에서 오후 3시까지로 단축
- 오전부터 오후 3시까지 재택근무

이럴 경우 늦은 오후부터 아이를 돌보고자 하는 홍대리의 요구를 수용할 수 있고 김부장은 홍대리의 업무공백으로 인한 고민도 해결하게 되어 상호간의 BATNA를 실현할 수 있을 것이다.

2. 유보가격reservation price

유보가격이란 협상포기한계선이라고도 할 수 있는데, 협상당사자가 계약을 체결할 수 있는 최저 한계선을 말한다.

당신은 현재 평당 200만원의 임차료로 사무실을 사용하고 있으며, 사무실 이전계획을 갖고 있다. 당신의 입장에서는 평당 300만원이 유보가격인데, 건물주가 350만원을 요구할 경우에는 포기할 수밖에 없을 것이다. 왜냐하면 유보가격보다 50만원이 비싸기 때문이다.

이러한 경우 포기를 할 때에는 점잖은 태도를 취하여야 할 것이다. 언제 어디서 만날지도 모르고, 그리고 부정적 구전효과에 노출되지 않기 위해서도 그러하다. 특히 오늘날 NQ사회의 중요

성에서도 더욱 그러하기 때문이다.

3. ZOPAzone of possible agreement

상호간의 협상가능영역으로서 모두를 만족시켜줄 가능성이 있는 일련의 합의들을 의미한다. 예를 들어, 매수인이 창고를 매입하려고 협상에 나서면서 유보가격을 10억원으로 정하였다고 하자. 매수인은 그 정도까지는 생각하고 있으며, 실제로는 10억원 이하로 사면 잘 사는 것이다라고 생각한다. 한편 매도인의 입장에서는 유보가격을 9억원으로 정하였고, 그 이상을 받으면 좋겠다고 생각한다. 이럴 경우 ZOPA는 9억~10억원이 되는 것이다.

ZOPA 범위 내에서 협상이 타결되면 상호간의 이익을 추구하면서 모두를 만족시키는 것이 될 것이다.

매수인: 9억 5천만원이 어떻겠습니까?
매도인: 시간이 좀 지나면 더 받을 수가 있을 겁니다.
매수인: 그렇다면 9억 6천만원으로 계약서를 작성합시다.
매도인: 더 이상 언급을 하지 않겠습니다. 9억 7천만원으로 계약합시다.
매수인: 그럽시다. 9억 7천만원으로 계약서 작성하시죠.

6.1 협상의 전략과 협상준비의 7단계

상호간의 win-win을 추구하는 협상의 개념에 이어 여기에서는 협상의 전략에 대하여 알아 본다.

- 협상기획no problem, no biz
- 유비무환providing is preventing
- 협상 대안개발alternative development
- 협상 시뮬레이션simulation to negotiation

1. 협상기획

협상기획에서는 준비과정 7단계를 통한 실무적 접근의 마케팅 시사점을 도출하여 본다. 먼저, 자신이 원하는 것이 무엇인지? 어떠한 협상타협점을 찾고자 하는지? 상대방의 현재입장은 무엇인지? 등을 협상의 전체과정에서 숙지하고 구체적인 7단계로 들어간다.

1단계: 상호간의 최선안을 생각하라!

당신의 유능한 부하직원 홍대리가 매우 바쁜 시기에 오후 3시 방과 이후부터 아이를 돌보기 위하여 1년간 휴직을 요청하였다고 가정하자. 앞에서 설명하였듯이 이 때의 대안개발로 첫 번째는 1년의 기간을 단축하는 것이고, 두 번째는 휴직시기를 덜 바쁜 시기로 조정하며, 그리고 마지막으로 휴직기간 동안 비상계획 수립으로 대체인력을 활용하는 방법을 생각할 수 있을 것이다.

2단계: 가치창출의 대안을 개발하라!

먼저 공통적인 이해관계에 대하여 역지사지의 입장에서 타협의 여지를 토대로 한 창의적 대안을 개발한다. 이에 따라 유리한 거래deal를 통한 상호이익을 창출한다.

예를 들면, 근무시간을 9시에서 3시까지로 단축하고 3시부터 5시까지는 임시직을 고용하는 방법을 택하든가 아니면 재택근무를 9시부터 3시 30분까지 하도록 하는데 이렇게 하면 급여삭감 없이 업무에 집중하게 할 수도 있을 것이다.

3단계: 상호간의 BATNA를 파악하라!

상호간에 BATNA 파악이 안 되어 묵살될 경우를 상상해 봄으로써 시사점을 유도할 수 있다. 만약 홍대리의 육아휴직 요청이 거절될 경우 홍대리는 불만에 가득차 예전같이 열정적으로 업무를 진행한다고는 볼 수 없을 것이며, 휴직제도 이행에 대하여 법적인 차원에서 회사를 상대로 고소하는 최악의 상황도 간과할 수 없을 것이다.

아니면 홍대리가 사직서를 제출하고 1년 후 구직활동을 하게 될 것이며, 이 경우에는 회사 차원에서도 대체인력을 고용해야 하는 수고를 감수하게 되어 상호간의 협상정신에 정반대되는 lose-lose가 된다. 따라서 상호간의 최선안을 위한 대안개발이 무엇보다 중요하다는 사실을 항상 유념해야 한다.

4단계: 자신의 BATNA를 강화시켜라!

회사의 입장에서는 홍대리와 협상을 실행하기 전에 대체인력을 사전에 확보할 수 있다면 좀 더 유리하고 편안하게 진행할 수 있으며, 또한 협상 중에도 지속적인 BATNA 개선으로 상호이익을 추구할 수 있다.

5단계: 협상권한을 사전에 파악하라!

협상은 반드시 협상에 대한 권한을 가진 자와 하여야 한다.

협상권한이 없는 자와 진행을 하게 되면 상대방에게 자기의 전략만 노출하게 되는데, 이를 흔히 자동차 딜러들의 낡은 수법the car dealer old tricks이라고 한다.

전시장을 방문한 고객이 쇼룸 담당자에게 자신의 구매조건을 이야기하고 계약을 체결하려 할 경우를 생각해 보자. 이 경우 그 직원이 갑자기 "아, 잠깐만요. 저의 매니저를 모셔오겠습니다"라고 하면서 매니저에게 달려가 당신의 조건을 설명하게 되면 그 매니저는 당신 앞에 나타나서는 당신이 제시한 조건에서부터 협상을 시작하려고 할 것이다.

6단계: 다양한 정보를 파악하라!

협상의 상대방에 대한 정보를 미리 파악해 두는 것도 중요하다. 상대방이 협상 경험이 풍부한 사람인지, 다혈질인지 조정자의 성품인지, 상대방 회사의 조직문화가 관료적인지 기업가정신인지를 파악하게 되면 유연성을 발휘하여 협상의 주도권initiative을 가질 수 있다.

7단계: 협상 프로세스를 유연하게 진행하라!

협상실행이 어려울 경우에는 협상자를 중간에 교체하는 것도 한 방편이다. 우리가 흔히 상대방이 싫고좋고 하는 선입관을 가지는 경우도 있는데, 서로가 잘 맞지 않는 경우에는 담당자를 교체하는 탄력적인 운영이 바람직할 것이다. 이 경우 상사의 입장에서 “그것도 제대로 다루지 못해?”라고 하면서 윽박지르면 업무파악조차 모르는 개념 없는 상사임을 명심해야 한다.

또한 협상이 결렬위기에 직면했을 때에는 인내심을 발휘하여 상호이익을 추구하는 전환의 계기로 삼아야 한다. 협상결렬로 인하여 상호손실이 초래되고 부정적 구전효과도 업계시장에서 노출될 수 있으니 특별히 유의해야 한다.

인내는 쓰나 협상의 열매는 달다!

협상을 진행하는 과정에서 변화가 발생하면 부정적으로 생각하지 말고 오히려 정보파악의 기회로 삼아 협상을 효율적으로 진행하는 요소로 활용하는 유연성 발휘가 요구된다.

2. 유비무환

협상을 할 때에는 유비무환providing is preventing의 정신으로 협상에서 발생할 수 있는 모든 상황적 요소에 대비하여야 한다. 충무공 이순신 장군은 명량대첩에서 울돌목의 물의 흐름까지도 철저히 파악하여 중과부적인 데도 불구하고 왜군을 크게 물리치어 세계 해전사에 있어서 7대 불가사의로 기록되었다는 사실을 잘 알고 있다. 이와 같은 충무공의 정신이 바로 유비무환의 정신인 것이다.

3. 협상 대안개발

협상 대안개발alternative development에 대해서는 앞에서 정리한 바 있다. 즉 다섯 가지(교환, 강화, 절충, 양보, 포기)의 대안이 있는데 협상실행과정에서 이견도출 내용에 따라 개발한다.

4. 협상 시뮬레이션

협상의 전략에 관한 네 번째 순서인 협상 시뮬레이션simulation to negotiation에 대하여 알아 본다.

① 대안조합alternative combination에 대한 시뮬레이션

예를 들어, 가격과 납기에 대하여 이견도출이 발생하여 협상을 시작한다고 가정해 보자. 이 경우 가격협상에서의 대안개발은 강화로, 납기부문에 대한 대안은 절충으로 일단 협상을 실행하는 것이다.

② 새로운 대안의 부가가치added value making

고객이 제기한 가격에 대한 이견에 대하여 강화라는 대안으

로 합의가 되었다면 고객은 서비스 품목 등의 플러스 알파를 얻게 되어 더 많은 이익 즉 부가가치를 창출하게 된 것이다. 또한 납기부문에 있어서는 절충이라는 대안을 통하여 요구조건의 절반을 차지하게 되었으니 이 또한 부가가치를 얻게 된 것이다.

예를 들어, 고객이 가격 5%의 할인과 납기 10일의 단축을 요구했다고 가정할 경우, 가격협상에서는 '강화'라는 대안을 적용했으므로 5% 할인은 해 주지 않았지만 영업손실과 시장에서 나쁜 선례를 남기지 않는 범위 내에서 서비스 품목의 증정을, 그리고 납기에서는 '절충'이라는 대안을 적용하여 5일의 기간을 단축시켜 주게 되는 것이다.

이와 같이 고객은 가격할인은 없었지만 서비스 품목을 얻게 되고, 납기부문에서는 5일 먼저 제품을 수령하게 되는 점에서 부가된 가치를 얻게 되는 것이다.

7.1 협상의 실행

여기에서는 협상의 개념에 이어 협상의 전략을 수립한 뒤 세 번째 전략수립에 따라 협상을 진행해 나가는 협상의 실행practice에 대하여 알아보기로 한다.

먼저, 협상장소에 대하여 만전을 기해야 한다. 국가 간의 협상에서 요즘 화두가 되고 있는 FTA 협상장소를 떠올려 보자. 특1등 호텔에서 최고의 시설과 설비가 준비된 장소를 선택하는 이유는 단지 과시적 측면만이 아닐 것이다. 이는 민감한 사항을 다루게 되는 협상에서 사소한 부문에서 협상이 결렬되는 사태를 미연에 방지하고자 하는 전략적 측면을 배제할 수 없기 때문일 것이다.

철강 왕 카네기는 “우리는 사람을 상대할 때 이성적 동물을 상대하는 것이 아니라 자존심, 허영심, 편견에 사로잡힌 감정적 동물을 대한다”고 하고 있다. 협상 실행에서 세세한 사항까지도 주의를 기울여야 한다는 시사점을 내포하고 있다.

필자는 강의할 때 이렇게 주문하곤 한다. 자기 지역territory 내에 분위기 좋고 맛있는 식당과 차 마실 공간을 몇 개쯤은 확보하라고 한다. 또한 주인이나 종업원과의 유대관계 강화는 유사시에 금상첨화임을 또한 주지시킨다.

협상장소가 준비완료되면 협상을 진행하게 된다. 먼저 이견도출이 발생할 경우, 예를 들어 가격에서 10% 할인과 납기에서 6일의 단축을 요구했다면 다음과 같은 진행을 생각할 수 있을 것이다.

"가격 10% 할인과 납기 6일 단축에 대하여 꼭 그렇게 해야만 계약체결을 하신다는 의견은 변함없으신가요?"

위와 같은 확인과정을 거치면서 자연스럽게 상대방이 무리한 요구를 하지 않았나 하고 생각하게 만드는 것이다. 이러한 방법은 아주 자연스럽게 인간의 감정에 호소하는 인지상정을 불러일으키므로 효과적인 방법이 되기도 한다.

그래도 가망고객이 고집을 꺾지 않을 경우에는 다음과 같이 시도해 본다.

"그럼, 먼저 가격에 대하여 협상을 진행하고 나서 납기부문에 대하여 진행하겠습니다."

이와 같이 순서에 입각해서 진행을 하지 않으면 가격얘기 하다 말고 납기, 그리고 다시 가격으로 뒤죽박죽으로 얘기가 진행되다 보니 해결은 안 되고 감정과 스트레스만 쌓이게 되는데, 이러한 단점을 방지하는 것이다.

그리고 나서 다시 한번 고객의 요구사항을 확인한다. 이와 같이 다시 한번 확인과정을 하는 목적은 "10% 할인과 납기 6일의 단축 요구는 너무한거 아닙니까?"를 우회적으로 비판하는 것에 있다.

그래도 자기 주장을 고수한다면 이 때 영업니즈 즉 적정한 영업이익을 실현해야 하는 영업사원의 역할에 대하여 언급하도록 한다. 왜냐하면 협상의 화두는 우리가 협상의 거념에서 이미 학습했던 바와 같이 상호간의 win-win을 추구하는 것이기 때문이다. 즉 고객니즈만 있는 것이 아니라 영업니즈도 공존하는 것이며, 특히 오늘날처럼 상생해야 하는 동반성장시대에서는 특히 많은 시사점을 내포하고 있는 것이다.

그런 다음에는 합의안에 대하여 가정법(if~)으로 테스트한다.

1. "만약 가격을 5%만 낮춘다면 어떠하신가요?"
2. "납기는 5일만 앞당긴다면 어떠하신가요?"

이러한 제안에도 수용을 하지 않으면 상대방이 제안하도록 요청을 한다. 즉

"수용이 곤란하시면 어떻게 하시는 것이 좋겠습니까?"

그리고 고충토로를 하면서 협상안을 제시한다.

1. "가격 7% 인하는 저희로서는 영업이익 보장이 어려운데요~"
2. "납기 6일 단축은 어렵지만 노력하면 가능하리라 생각합니다만~"

따라서 가격은 7%와 5% 사이에서 해야 하는 것이 절충의 대안으로 되어 가격 6%의 할인과 납기단축은 6일로 해서 협상을 마무리짓게 되는 것이다.

8.1 교착상태

협상의 실행과정에서 상호간의 이익추구가 불가능할 경우에는 불가피하게 협상결렬을 선언하게 되는데, 이러한 상황에서 요구되는 사항을 알아 보기로 한다.

1. 감성적 태도의 견지

만약 상호간에 감정적인 상황이 발생하는 경우에는 그 동안의 협상과정의 공든 탑이 붕괴되어버려 상호이익을 추구하지 못하면서도 영업 기회비용만 발생하게 된다. 그리고 상대방과의 갈등으로 서로가 동종업계 시장에서 부정적 구전효과에 노출되어 이미지 저하만 초래하게 된다.

대외적 이미지 실추는 소비자 4.0시대에 특히 기업에 치명적인 결과를 야기하게 된다. 따라서 협상이 교착상태에 빠졌을 경우에는 상호간 반드시 이성적이고 감성적인 태도를 취함으로써 부정적 효과를 최소화하여야 한다.

2. 실무담당자 교체

우리는 일상에서도 괜히 기분 좋은 사람이 있고 그냥 싫은 사람이 있다. 즉 기분상 호/불호가 갈리는 경우를 많이 보게 되는데, 후자를 파트너로 만났을 경우 담당자 교체를 자사의 상사에게 건의하여 가급적이면 기분 좋은 파트너와 상호 우호적인 관계 속에서 협상을 실행하는 것이 바람직하다.

담당자 교체를 건의하는 팀원에게 팀장이 “그런 사람도 다루지 못해?”라고 한다면 그러한 사람은 업무와 관련하여 아무런 역량이나 개념이 없는 팀장일 것이다.

3. 협상대표 교체

협상의 실행과정에서 접점에 있는 실무자급에서 먼저 세부적인 사항에 대해서 대안을 개발하였으나 협상실행과정에서 진전을 이루지 못할 경우에는 최종 의사결정단계의 임원급 협상을 추진하고, 그래도 협상의 진전이 잘 되지 않을 경우에는 다시 실무자급이나 부장급 협상으로 진행함으로써 탄력적으로 협상을 실행하는 방법을 취하도록 한다.

이러한 다양한 접촉과 대안개발의 과정을 통하여 상호이익을 위한 내·외적인 원만한 커뮤니케이션을 위한 분위기가 조성되고 이에 따라 대안개발의 일치consensus를 이루게 되어 일거양득의 효과를 거두게 되기도 한다.

4. 비공식적 회동

협상이 교착상태에 빠져 있을 경우 때로는 공식적인 협상테이블에서보다 인간적인 스킨십이 특히 효과를 발휘하는 경우가 많다. 서로가 편안함과 여유로움을 느낄 수 있는 우호적 분위기를 연출할 수 있는 공간에서 형식과 절차에 구애받지 않는 감성적 소통으로 자연스러운 만남의 장이 열리기 때문이다.

글로벌 브랜드를 M&A한 어느 국내 여성 CEO는 바이어를 상대할 때 고궁관람이나 하이킹을 통한 인간적인 교류에서 최적의 영업성과를 창출했다고 한다.

5. 작전타임

상호간의 이익추구를 실현하기 위한 협상실행이 현실적으로 어려울 경우에는 서로가 이성적으로 재고再考하면서 작전타임을 걸어 본다. 예를 들어,

"다음 주 수요일까지 재고하여 목요일 오후 3시에 다시 실행하는 것이 어떠신지요?"

작전타임 없이 그냥 헤어지게 되면 나중에 꼭 필요한 거래라 연락을 취할 경우 먼저 연락하는 쪽이 뭔가 불리해질 수도 있고 겸연쩍은 부분도 있고 하여튼 어색한 상황이 발생할 수 있다.

따라서 비즈니스맨은 기氣를 잘 살려야 한다. 똑 같은 사람도 기세가 어제와 오늘이 다르고, 오전과 오후가 다르다고 한다. 보통 오후에는 오전의 날카로움보다 편안하다고 하므로 위와 같이 오후를 예를 들어 보았다.

9.1 협상실무 사례연구

사례 1: 요구와 욕구를 명확히 구분하라!

"만원에 주세요!" → 요구demands

"왜why 만원을 원하는가?" → 욕구needs

한 프랑스 의류회사는 국내 의류회사가 브랜드 국내유치를 희망하자 로열티 10%를 요구했고, 반면에 국내의류회사는 로열티를 5%로 하자면서 2년 동안 시소게임을 벌였다. 국내의류회사의 욕구는 저명한 프랑스 브랜드의 유치를 통하여 브랜드 이미지도 제고하고 안정적인 수익을 기대하는 것이었는데, 협상을 실행하면서 로열티 10% 지불조건으로 4년간의 유치기간과 함께 추가지역으로 대만지역의 판매권을 요구했고 로얄티 지급일도 6개월 연장할 것을 요구하여 계약을 체결하였다.

이 사례는 무조건 로열티 5%만을 지급하겠다는 요구조건이 아니라 왜 프랑스 브랜드를 국내에 유치해야 하는지 그 욕구를 분명히 함으로써 협상의 기본적 화두인 상호간의 win-win 정신을 추구하여 상호간의 이익을 추구하게 되는 사례이다.

사례 2: 상호 Win-Win하는 창조적 대안을 개발하라!

뷰티 화장품과 성공 중공업은 M&A를 진행하는 데 있어서 다음과 같이 이견을 보였다. 성공 중공업은 뷰티 화장품을 인수하는 데 있어서 180억원을 제시한 반면 뷰티 화장품은 200억원을 요구하였다. 이러한 사례에서 두 회사는 상호간의 이익을 추구하기 위하여 다음과 같이 대안을 개발하였다.

뷰티 화장품에서 요구하는 200억원에 대해서 성공 중공업에서 제시한 180억원으로 하는 대신에 20억원은 스톡옵션stock option하여 인수되는 뷰티 화장품 회사의 임직원에게 지급하여 주인정신을 발휘할 수 있게 하는 동기부여motivation를 하였다. 이로써 두 회사는 서로 화학적인 결합을 통하여 M&A가 추구하는 시너지synergy 창출의 계기를 마련하였다.

사례 3: NQnetwork quotient: 인맥지수를 협상의 토대로 활용하라!

21세기 창조경영사회는 지식경영에 이어 창의적 아이디어가 본격적으로 요구되는 시대이다. 냉정한 계약이 오가는 협상을 수행하는 수많은 비즈니스맨들은 협상 즉 계약의 현장은 '숫자만이 오가는 전쟁터'라고 생각한다. 하지만 협상에 있어서도 상대방이 사람이기에 인간관계를 무시할 수는 없는 것이다. 여기서 인맥 즉 인간적인 관계를 통하여 성공한 한 가지 협상사례를 소개하기로 한다.

해외 의료기기 시장에 진출하기 위해 지사 설립을 준비 중인 제이 Korea는 첫 시장개척으로 미국을 생각하고 있었다. 미국에는 제이 America가 있어서 제이 Korea 설립과 동시에 쉽게 인수합병을 할 수 있으리라 생각했던 것이다. 그렇지만 제이 America 측은 300만 달러를 요구했다. 제이 Korea 측은 이 제안을 수용할 수 없었으며, 80만 달러를 협상의 유보reservation가격으로 생각하고 있었다. 결국 300만 달러와 80만 달러의 가격차이가 발생하였던 것이다.

협상타결을 위하여 미국에 도착한 제이 Korea 부사장은 공항에 내리자마자 제이 America에 저녁식사를 위한 전화를 걸었다. 하지만 "내일 협상장소에서 만납시다"라는 냉소적인 답변을 들었다. 그 때 제이 Korea 부사장이 말을 이었다.

> "제가 요즘 부쩍 돌아가신 아버님 생각이 깊이 나서요. 협상 얘기 말고, 사장님과 아버님 간의 지난 얘기를 좀 듣고 싶은데...... 어떠세요?"

상황은 이랬다. 제이 Korea 부사장은 창업주의 아들이었고, 제이 America 사장은 창업주와 절친이었다. 제이 Korea 부사장은 인간관계라는 윤활유로써 경쟁적인 비즈니스 협상이 아닌 인간적인 저녁식사 자리에 그를 초대한 셈이다.

이후 협상의 실행은 일사천리로 진행되어 제이 Korea 측은 제이 America 사장을 최대한 배려하고 제이 America 측은 지분 출자를 약속하면서 협상은 완료되어 상호간의 이익을 창출하게 되었다.

10.1 협상 프로세스 FAQ

제안한 오퍼를 두 번 조정해도 무방한지?

1. So So. 좋다고도 할 수 없고 좋지 않다고도 할 수 없는 영어표현대로 그저 그렇다고 할 수 있다. 그냥 상황에 따라 협상을 진행하면서 유연하게 활용하면 된다.

2. 오퍼를 두 번씩이나 조정해서 제시하였는데도 수용이 안 될 경우에는 이렇게도 시도해 본다.

"당신이 이젠 오퍼를 주세요?"

3. 상호간의 만족을 위한 대안을 개발할 경우에는 기본적으로 창의성을 발휘해야 하지만 최적의 대안개발을 위하여는 상호 정보공유를 하여 브레인스토밍brainstorming 방식으로 자유자재로 가령 상대방의 대안이 비현실적이라고 하더라도 비난하지 말고 계속 대안을 모색하는 과정이 요구된다.

4. 위와 같은 방법으로 협상을 실행하여도 타결이 제대로 되지 않을 경우에는 제3자를 협상 촉진자로 지정하여 개입을 요청할 수도 있다. 이 방법은 싸우지 않고 이기는 손자병법의 전략 중 벌교伐交전략이다.

허세를 부린다면?

1. Never. 절대 용납되지 않는다. 협상의 화두 즉 기본정신은 상도商道를 통한 상호간의 이익추구이며, 이를 토대로 비즈니스의 지속적인 파트너십을 구현하는 것이기 때문이다.

2. 또한 법적인 문제가 대두되어 협상결렬은 물론이고 이로 인한 기회비용 발생과 시장에서의 기업이미지 추락은 매출부진 등으로 막대한 대가를 치르게 되는데 경우에 따라서는 기업에 치명적인 결과를 초래할 개연성도 발생한다.

어려운 이슈 vs 간단한 이슈?

1. 일반적으로 쉬운 이슈부터 협상을 진행한다. 손자병법에 보면 승즉이강勝卽而强이라는 말이 있는데, “쉬운 상대로 작은 승리를 거두다 보면 점점 더 자신감이 생겨서 큰 전투에서도 승리을 쟁취할 수 있다”는 말이다. 마찬 가지로 쉬운 이슈로 합의

를 이끌다 보면 그 여세로 어려운 이슈를 타결하기 위한 자신감과 열정이 생겨 창의적 대안개발을 수립하여 협상타결을 이끌어 갈 수 있는 것이다.

2. 예외적인 경우로 어려운 이슈가 합의의 시금석이 될 경우에는 어려운 이슈부터 먼저 타결하게 되면 쉬운 이슈는 자연스럽게 일사천리로 진행되게 된다.

돌발상황이 발생하면?

1. 상대협상자와 즉시 접촉해야 한다. 이 경우 불가피한 돌발상황이 발생한 연유와 이를 해결하기 위한 적극적 의지표명 등을 현실적인 해결책과 함께 제시하면서 이해를 구하도록 한다.

2. 노력 중임을 주지시켜야 한다. 돌발상황을 해결하기 위한 전사적 차원의 계획수립을 통한 일정을 공개하여 모든 업무에서 우선적으로 이번 돌발상황을 처리할 것임을 각인시킨다.

3. 협상의 개념을 다시 공유하도록 한다. 돌발상황이 발생하여 협상이 일정대로 진행되지 못하여 발생하는 업무차질에 대하여 이번 거래가 더욱 더 상호간의 이익을 추구하는 데 있어서 중차대함을 재인식시키고 위기에 대한 신속한 상황극복의 중요성을 표명하면서 더불어 최적의 성과창출을 약속한다.

4. 신뢰를 바탕으로 협상을 재개한다. 감정적으로 대립할 수

있고 일정차질로 인하여 향후 협상과 관련된 사항에서 불신의 늪에 빠질 수 있음을 서로가 경계하여 차제에 상호신뢰를 더욱 더 조성하는 계기로 삼는다.

다혈질이어서 갑자기 흥분할 경우?

1. 고장난명[1]의 자세를 견지하면서 이성적 태도를 견지하여 상대방의 감정에 휘둘려선 안 된다.

2. 상대방이 자제력을 회복할 때까지 침묵하면서 상황이 다소 정상적으로 돌아오면 침착한 어조로 다시 협상을 진행시켜 나간다.

3. 벌교전략伐交戰略을 통한 제3의 조력자에게 상대방의 감정을 컨트롤하게 하고 이번 거래가 상호간에 얼마나 큰 이익을 창출할 수 있는지를 간접적으로 깨닫게 해 준다.

4. 상황개선이 어려울 경우에는 작전타임을 걸어서 다음을 약속한다. 즉 "오늘은 이 정도로 하시고 다음 주 목요일 2시에 만나서 협상을 재개하면 어떠신지요?"

1 고장난명(孤掌難鳴)이란 손바닥이란 혼자서는 소리를 내지 못한다는 의미인데, 고객과 맞서지 않는다면 고객과 갈등이 발생하지 않는다는 것을 말한다.

11.1 Appendix

1. 가격관련 FAQ

유보가격reservation을 고지해야 하는가?

가급적 누설하지 않는 게 협상의 전략상 유리하다. 왜냐하면 당신의 유보가격이 200만원일 경우에 150만원으로 계약을 체결할 수 있을 경우에도 상대방은 190만원~200만원의 가격수준에서 협상을 타결하려 할 것이기 때문이다. 하지만 상대방이 타결하려는 가격이 거의 유보가격의 수준일 경우에는 상호간의 신뢰구축을 위해서 협상의 마무리단계에서 공개하는 것도 좋을 것이다.

나의 최하가격을 고지해야 할까?

1. 협상타결을 하려는 가격이 거의 그 수준인 경우에는 상대방에게 알려준다.

2. 그러나 고지 시에는 반드시 더 이상의 가격 인하는 안 된다고 단호히 강조해야 하고, 이 가격제안이 마지막 제안임을 인식시키는 것이 중요한 관건임을 상기하여야 한다.

터무니없는 수치를 제시한 경우에는?

1. 농담조로 대응하여 답변할 가치조차 없다는 것을 시사한다. 그리고 나서 폐쇄질문을 통하여 본래의 내용대로 주제를 전환하여 원만한 협상을 계속 진행한다.

고객: 가격을 30% 할인한다면 거래를 하고 싶습니다.

영업사원: 무응답

고객: ~~~

영업사원: 자사 제품의 품질이 경쟁사보다 더 향상된 점을 어떻게 생각하십니까?

2. 이번 거래에 있어서의 나의 입장 즉 상호간의 win-win을 창출해야 하는 협상의 기본정신을 단호하게 설명한다. 그래서 상호간의 이익창출을 위한 중요한 협상이라는 것을 간접적으로 시사한다.

3. 나의 수치와 제안을 다시 한번 이성적 태도를 견지하면서 합리적으로 제시한다. 이 때 포인트는 감정에 휘둘리어 협상이 결렬될 수 있음을 잘 인식하고 이성적 태도로써 흔들리지 말고

진행해야 한다.

4. 상대방이 언급한 수치와 제안이 터무니 없으니 아예 언급 회피로 대응하여 상대방의 얘기에 휘둘림을 당하지 말아야 한다. 이는 협상도 역시 고객마인드를 기본으로 하여 고객을 리드하고 이니시어티브를 갖고 진행해야 함을 시사하는 것이다.

5. 무대응의 대처전략으로 계속 협상에 임하여 상대방이 제안한 터무니 없는 가격을 스스로 조정하게끔 유도한다. 이에 따라 상대방이 정상적인 태도로써 협상에 자연스럽게 다시 임하게 하는 것이다.

6. 그래도 지속적으로 터무니 없는 가격을 주장하면 작전타임을 활용하여 일정기간 동안 상호간의 이익을 추구하기 위하여 어떻게 협상을 타결하는 것이 바람직한지를 숙고하는 시간을 갖자고 제안한다.

"좀 더 생각해 보고 다음 주 수요일 오후 3시에 만나서 협상을 재개하면 어떨까요?"

2. 정신적 오류

① 자가발전escalation

i) 지나친 몰두winner's curse: 협상타결에 지나치게 몰두하여 상호간의 win-win을 바탕으로 하지 않고 타결 자체에만 의미를 부여하게 되면 무리수와 부작용으로 인하여 오히려 자사에 치명적인 손실을 초래하게 되어 기업존망까지 걱정하게 되니 경계해야 한다.

ii) 비합리적인 행위: 협상을 진행하면서 상호간의 이익추구가 아닌 나의 이익만을 위하여 일방적인 요구를 하거나 협상체결 자체의 실적만을 위하여 비정상적으로 수용하게 되면 서로의 손실을 초래하는 lose-lose가 된다는 것을 늘 명심해야 한다.

iii) 위임자 vs 대리인: 일반적으로 대리인들은 협상체결에 대한 공로를 인정받으려고 무리하게 손실을 초래하면서까지도 협상을 체결하려고 할 수 있다. 만약에 대리인들이 위임자처럼 협상 결과가 직접 자기에게 귀속된다면 그렇게 대담하게 또는 부주의하게 체결하지 않을 것이다.

② 아전인수격 인지

아전인수격 인지란 자신에게 유리하도록 형성된 편견에 사로잡힌 선입견으로 세상사를 인식하는 심리적 현상을 말한다. 예를 들어, 야구경기에서 인천팬들은 경우에 따라 심판이 SK에게 내리는 판정이 공정치 못하다고 생각할 수 있는 것이다.

유능한 협상가들은 상황을 객관적으로 볼 수 있기 때문에 아전인수격 인지의 오류에 잘 빠지지 않는다. 또한 협상 상대방의 니즈를 읽고 그가 처한 상황과 개인적 특성을 이해할 줄도 안다.

따라서 협상이 진행 중일 때 다음 사항들을 참고하여야 한다.

1. 아전인수격 오류에 나도 빠질 수 있다는 것을 인정하는 겸허한 태도로 임하면서 상대방의 제안을 먼저 경청하고 난 후에 나의 대안을 창조적으로 개발하여 제안한다.

2. 역지사지易地思之, 고객의 머릿속으로 들어가라!: 내가 상대방이었다면 그 의견에 대해서 어떻게 생각했겠는가 하고 자문자답해 본다.

3. 동료의 의견을 구하라(본인 의견은 비밀). 불치하문不恥下問[1]이라는 말도 있다. 하물며 동료에게 자문과 조언을 구하는 것은 매우 발전적인 현상이다. 이 때 본인 의견을 먼저 말하면 동료가 자신의 생각과 아이디어를 제대로 표현하지 못하여 의미가 퇴색되기 쉽다는 것을 유념해야 한다.

4. 가정법(if~)을 사용하라. 당신의 관점에서 상호간의 이익을 추구하는 대안을 개발하여 제안할 경우에는 가정법으로 제안함으로써 만약 상대방이 수용곤란할 경우를 대비하여 지속적인

1 불치하문: 자기보다 못한 사람에게 묻는 것을 부끄러워하지 않음.

협상의 여지를 열어 놓는 것이다.

"만약 제가 가격을 200만원만 할인해 드린다면 어떠신지요?"

③ 비합리적 기대

사람은 늘 자기관점에서 생각하고 자기세계 안에서 이해하고 공감하는데 이는 어찌보면 인지상정으로 자연스러운 현상일 것이다. 협상의 경우에도 협상을 진행하면서 상호간의 win-win 추구가 아니라 자기에게 더 유리하게 하려는 것은 이 또한 인간의 본성을 나타내는 자연스러운 현상일지도 모른다.

1. 상대방이 비합리적으로 협상을 진행하려 하면 이성적 태도를 견지하면서 합리적인 대화로써 서로의 이익을 추구하기 위하여는 어떤 것은 서로가 양보해야 함을 인내를 갖고 설득시켜야 한다.

2. 이를 위하여는 최근의 시장정보를 서로 공유함으로써 적당하고 합리적인 가격과 조건을 확실히 인식시키는 것이 필요하다. 이 경우에 시장가격 등의 정보를 증거로 제시하는 방법도 상황과 고객특성에 따라 매우 유효한 비즈니스 방법 중 하나이다.

3. Consultative Sales를 통하여 일방적으로 제품에 대해 설명하거나 또는 고객니즈를 만족시킬 수 있는 영업상담을 통한 협상을 진행한다 하더라도 고객의 입장에서는 이 거래가 어떤 해

결책을 제공하는지 또는 어떤 이익을 창출시키어 부가가치를 높이게 되는지 잘 모르는 경우가 많다. 이럴 때에는 구체적으로 솔루션을 제공하는 것 같이 협상을 진행하여야 한다. 즉 마치 컨설턴트가 문제의 해결책을 제시함과 같이 자사 제품의 사용으로 상대방이 이익을 얻을 수 있으므로 이번 협상이 상당히 중요하다는 것을 전문가적인 식견을 바탕으로 상대방에게 이해시킨다.

④ 지나친 자신감

손자병법에서는 경적필패輕敵必敗란 말이 있다. 즉 "적을 가볍게 보면 반드시 패한다" 라는 것으로 우리에게 커다란 교훈을 준다. 즉 지나친 자신감에서 나오는 교만함으로 인해 화를 자초하는 것을 경계해야 하는 것이다.

협상 실행 중 집단사고groupthink에 빠져 실패하는 사례를 통하여 반면교사로 삼아 보자.

1. 한번도 협상에 실패한 적이 없다는 불패신화를 거론하면서 상대방의 니즈와 이견도출에 대한 세부적인 조정을 무시하고 오로지 이번 협상도 체결될 것이라는 막연한 기대감으로 진행하여 협상결렬을 자초하게 된다.

2. 자신에게만 유리한 정보가 있다고 맹신하여 상대방을 도외시한 채 일방적인 협상진행으로 주도권을 행사하여 협상 자체를 어렵게 만들어간다.

3. 상호간의 이익을 추구하기 위한 상대방의 대안 제시를 비난하며 독불장군식의 편협적 태도를 지향하여 협상의 장애물을 스스로 만들어 서로의 마이너스 결과를 자초한다.

4. 외부인의 의견을 무시하고 오로지 자기만의 생각과 의견을 토대로 한 대안을 최선안처럼 간주하여 창조적 대안 개발에 실패함으로써 만족스럽지 못한 결과를 초래한다.

12.1 심리협상의 핵심 Tip

1. 감정에 신경 써라!

자제력을 잃은 감정은 개인사에 있어서나 비즈니스 세계에 있어서도 심각한 결과를 초래한다. 협상의 경우에도 분노라는 감정으로 협상을 진행하게 되면 상호간의 lose-lose는 물론 시장에서 부정적 구전효과에 노출되는 것이다.

특히 중요한 협상에서는 논리적인 측면만으로 상대방을 설득하려고 하지 말고 고객상황과 협상분위기에 따라 감성적으로 접근하여야 한다. 이는 21세기 창조경영사회에서는 감성적 커뮤니케이션이 요구된다는 것을 시사하는 것이다. 즉 감정적 상황에 노출될 때에는 기氣를 조절해야 한다고 필자는 강의할 때마다 교육생들에게 진정으로 강조한다.

감정적이고 분노의 상황에 처할 때는 심호흡을 한다든지, 대체의 법칙을 활용해서 그 순간에 다른 기분좋은 생각을 한다든지, 잠시 전화를 받는 척 한다든지, 화장실을 다녀온다고 하면서 장소를 잠시 떠나든지 하면서 육체적·정신적 기능을 이완시키는 마인드 컨트롤을 하는 것이 좋다.

시간, 날씨, 컨디션 등도 협상과 무관한 요소들이지만 때로는 협상과정에서 중요하게 작용할 경우가 있다. 자연현상에 따른 일기변화가 미치는 협상분위기와 하루 중 기분의 변화를 진작할 수 있는 최적의 상황연출도 경우에 따라서는 참고자료로 활용되어질 수 있다.

감정적 상황을 슬기롭게 대처하는 방법 중에는 상대방의 표준standard을 활용하는 방법이 있다. 정치적 성향으로 과거에 발언한 내용을 적시에 인용하여 협상을 이성적으로 진행하면서 주도권initiative을 행사할 수 있는 것이다. 다음의 두 가지 표준 사례를 보기로 하자.

첫째로 영국이 인도를 무자비하게 점령하여 식민통치를 할 때 무저항 비폭력을 지향하면서 저항한 마하트마 간디의 표준 사례가 있다.

"당신들은 문명화된 영국인이고 정말 그런 것 같다.
그런데 무고한 시민들을 죽이고, 어찌된 일입니까?"

둘째로 백인의 인종차별주의에 저항하면서 한 루터 킹 목사의 메시지를 보기로 하자.

"미국헌법은 모든 사람들이 동등하게 대우받기로 되어 있는데 ~~~
실상 그렇지 않아서 정말 혼란스럽다."

2. 상대방의 니즈를 찾아라!

고객 니즈needs는 마케팅의 컨셉concept인데 고객접점에서는 언제나 고객욕구만을 생각하도록 한다. 고객이 자사 제품의 어떤 것을 구매하는지가 중요한 것이 아니라 해당제품을 왜 사는지에 대한 구매이유 즉 어떤 욕구를 만족시키기 위하여 제품구매를 하는지에 대하여 고객의 머릿속으로 들어가 봐야 하는 것이다.

필자는 1999년 샌프란시스코에서 「고객의 머릿속으로 들어가기」*Getting Into Your Customer's Head*의 저자 케빈 데이비스Kevin Davis가 주최한 세미나에 3일간 매일 8시간씩 참석한 적이 있는데, 그가 줄곧 주장하는 것은 "고객의 머릿속으로 들어가라"고 하는 것이었다. 이는 바로 고객니즈를 발견하는 데에 협상의 성공 여부가 달려 있다는 것을 뜻하는 것이다.

협상을 실행하면서 나에게는 사소한 점이지만 고객에게는 가치있고 중요할 수가 있으므로 원활한 의사소통과 감성적 터치에 만전을 기해야 한다. 부실한 소통은 곡해를 불러일으키어 상대방이 나의 제안을 오히려 위협적으로 느낄 수도 있고 때로는 비난한다는 오해를 할 수 있다. 따라서 숨겨진 걸림돌을 찾기 위하여 감성적이고 이성적인 태도로써 우호적인 협상분위기를 연출하여 마음을 열어야 한다.

역지사지易地思之의 입장에서 상대방이 왜 그렇게 행동했는가를 또 나라면 어떻게 했을까를 자문자답하여 보면 그 해결책을 스스로 터득할 수 있게 되고 원만한 협상타결의 결실을 맺을 수 있을 것이다.

[상대방의 연구사례]

1. 구글의 구매담당 직원은 가격협상에서 공급가를 올리려는 납품업자에게 그가 평소에 자사내 타 부서와 거래관계를 갖고자 하는 점을 알고서는 이렇게 제안하여 가격인상없이 원만하게 협상을 타결했다.

구글직원: 타 부서와의 거래를 원하시죠?
납품업자: 네.
구글직원: 그럼, 가격인상을 하지 않는 조건으로 타 부서를 소개시켜 드린다면 어떻겠습니까?

납품업자: 좋습니다. 가격인상 없이 기존 가격대로 납품하겠습니다.

2. IT회사에 납품하는 납품사 직원은 어느날 거래를 중단하겠다는 통보를 받고 이렇게 제안하였다.

납품사 직원: 귀하의 아들이 컴맹으로 알고 있는데 제가 컴퓨터를 가르친다면 어떠신지요?

IT관계자: 아, 그러시다면~~~, 그냥 거래를 지속하시죠.

3. 세계적인 감성협상의 대가인 펜실베이니아 와튼스쿨의 스튜어트 다이아몬드Stuart Diamond 교수가 심장발작을 일으켜서 수술을 받아야 되었는데 그 방면의 전문적인 의사가 마침 휴가 중이었다. 스튜어트 교수는 휴가 중인 의사에게 장문의 이메일로 이렇게 제안하여 성공적인 수술을 받게 되었다.

스튜어트: 당신은 권위있는 심장수술의 대가로서 지금 아주 좋은 기회를 맞이하고 있습니다. 제 경우는 매우 특이하고 희귀한 사례이라 의사에겐 더 없이 좋은 기회입니다만~~~중략

협상의 화두는 상호간의 win-win! 스튜어트 교수는 무사히 수술을 받고 완치되어 win, 담당의사는 희귀한 수술경험을 하게 되어 win.

제 6 장

소비자행동의 마케팅 시사점

1.1 마케팅 전략STP과 소비자 행동

마케팅전략STP: segmentation, targeting and positioning은 1. 하나의 제품시장을 세분화segment하여 표적 세분시장을 선정하고, 2. 각 시장에서 경쟁우위를 달성할 수 있는 제품 포지션을 확보하기 위해, 3. 통제가능한 마케팅믹스(4P) 계획을 수립하는 것을 그 내용으로 하는데, 이는 마케팅활동의 기본골격이 된다.

기업과 비즈니스맨은 마케팅전략에 의해 소비자행동에 영향을 미치고자 하며, 또한 마케팅전략은 소비자의 구매행동에 의해 영향을 받는다는 점에서 상호작용을 한다. 따라서 마케팅전략의 구성요소는 소비자행동과 밀접한 관계를 가지게 된다.

마케팅전략을 수립할 때 유사한 반응을 할 것으로 추정되는 여러 개의 고객집단으로 나누는 과정을 시장세분화market segmentation라고 한다. 시장세분화를 하기 위해서는 각 세분시장의 인구통계적 및 사이코그래픽 특성과 소비자의 구매빈도와 구매량 같은 행동적 특성에 대한 정보가 수집되어야 한다,

한편 소비자의 마음 속에서 특정 상표가 경쟁상표와 비교하여 상대적으로 어떤 위치를 차지하도록 하는 마케팅 노력을 제품 포지셔닝product positioning이라고 한다.

기업은 자사 상표에 대해 최대의 경쟁우위를 제공할 수 있는 위치를 구축하기 위해서, 소비자들이 각 경쟁상표를 어떻게 지각하고 있으며, 각 상표에 대한 선호도가 어떠한지에 대해 알고 있어야 한다. 즉 기업이 마케팅믹스에 대한 계획을 수립하기 위한 전제조건으로 관련 소비자정보가 수집되어야 한다.

1.2 브랜드 자산

브랜드 자산brand equity은 제품이나 서비스가 브랜드를 갖지 않거나no brand 무명브랜드private brand가 부착된 경우에 비해 그 브랜드 자체를 가졌기 때문에 갖는, 즉 브랜드 네임이 가져다 주는 추가적인 가치(가령, 높은 브랜드 충성도 또는 시장점유율)로서 정의된다. 켈러Kevin L. Keller는 고객 관점에서 브랜드 자산을 정의했는데, 브랜드 자산을 소비자의 브랜드 지식brand knowledge이 해당 브랜드에 대한 반응에 미치는 다양한 긍정적 효과로 정의했다. 이러한 긍정적 효과는 브랜드 인지도가 높고 그 브랜드와 관련해 호의적이며 고객 니즈를 만족시킬 수 있는 독특한 요소들을 소비자가 기억 속에 저장하고 있을 때 발생된다.

이 경우 소비자 반응은 구매를 결정하고, 주변 사람을 소개시켜 주는 버드 독bird dog 역할을 자임하며, 높은 가격이라도 기꺼이 지불할 의사가 있는 경우 등을 포함한다. 많은 기업들이 브랜드 자산을 활용해 마케팅 전략의 일환으로 브랜드 확장brand extension을 이용하고 있는 이유이기도 하다. 브랜드 확장이 갖는 이점은 신제품 출시 초기에도 불구하고 높은 인지도awareness를 확보할 수 있고, 마케팅 전술 중 촉진promotion 비용도 절감한다는 것이다. 브랜드 확장이 성공하려면 모 브랜드original brand에 대한 소비자의 인지도가 높고 품질수준이 높은 것으로 지각해야 하며, 모 브랜드와 확장제품이 유사할수록 브랜드 확장의 성공 가능성이 높아진다고 했다.

아커David Aaker와 켈러는 모 브랜드와 확장제품 사이에 유사성이 높을수록 모 브랜드에서 연상되는 신념과 감정이 확장제품에 쉽게 전이되고 이렇게 전이된 브랜드 연상이 확장제품 평가에 긍정적 영향을 준다고 했다.

유사성similarity은 제품 속성의 유사성과 브랜드 콘셉트의 유사성 두 가지로 나눌 수 있다. 여기서 제품 속성의 유사성은 제품의 물리적 특성, 사용 상황, 제품 생산에 필요한 기술 등에서의 유사성을 말한다. 그리고 브랜드 콘셉트의 유사성은 제품이 여러 특징(가격, 품질, 디자인 등)과 제품의 가치를 소통하기 위한 마케팅 커뮤니케이션 도구(광고, 홍보, 촉진, 인적판매, SNS)에 의해 소비자가 제품을 인식하는 추상적 의미를 말한다. 이 분야 연구에서는 브랜드 콘셉트를 기능적 콘셉트와 품격 콘셉트로 나눠 연구를 수행했는데, 기능적 콘셉트에 기반한 모 브랜드는 기능적으로 유사한 제품으로 확장할 경우에, 이에 반해 품격 콘셉트를 가진 모 브랜드는 상징적 의미를 크게 갖는 제품으로 확장할 경우에 매출 효과가 높은 것으로 나타났다.

예를 들어, 기능적 이미지가 강한 시계 브랜드인 Timex는 계산기, 건전지 등에 확장할 때 효과적인 반면, 고급 시계인 Rolex는 팔찌, 넥타이, 반지 등과 같은 품격 의미를 갖는 제품에 확장하는 것이 보다 효과적인 것으로 나타났다.

확장제품에 대한 브랜드 전략은 소비자들로 하여금 모 브랜드를 통해 기억에 저장된 기존의 정보체계schema를 선택적으로 불러오게 함으로써 확장제품의 평가에 영향을 미칠 수 있다. 따라서 촉진 전략을 통해 어떤 정보를 제공하느냐에 따라 확장제품에 대한 평가가 달라질 수 있다.

타임誌 편집장을 역임했던 래리 라이트Larry Light가 언급했던 "제조 공장을 소유하는 것보다 브랜드를 소유하는 것이 더 효율적"이란 의미는 경영 전략에서 브랜드 자산의 중요성을 시사하는 것이다.

1.3 고관여 vs 저관여

소비자 구매행동에 상당한 영향을 미치는 관여도의 개념과 결정 요인을 통해 뉴 노멀new normal시대의 코로나 불경기의 극복을 위한 마케팅 시사점을 알아보자. 관여도involvement는 '주어진 구매상황에서 특정 제품과 서비스에 대한 개인의 중요성 지각 정도 또는 관심도'라고 정의할 수 있다. 제품에 대한 관여도가 높으면 낮은 경우에 비해 구매 시 많은 노력을 하며 소비자 의사결정 과정에 있어서 매우 신중해진다. 그리고 자사 제품의 관여도가 높으면 낮은 관여도에 노출됐을 때 보다 많은 주의를 기울이고 깊게 생각하게 된다. 또한 관여도가 높은 제품에 노출되면 보다 많은 주의를 기울이는데 이는 소비자가 자사 제품에 대한 정보를 처리하는 과정 즉 소비자 정보처리과정consumer information processing인 노출, 주의, 이해의 과정에서 두 번째 절차인 주의attention에 해당된다.

개인적 요인

어떤 제품에 관한 관여도는 개인마다 다르다. 예를 들어 신제품 자동차의 광고에 노출된 경우 평소 운전을 즐기는 사람은 그렇지 않은 사람에 비해 그 자동차 광고에 보다 관심을 갖는다.

제품 요인

일반적으로 소비자는 자신의 니즈needs를 만족시키는 제품에 높게 관여한다. 또한 소비자 본인이 사용하는 동안 주관적 관점에서 즐거움과 상징적 가치를 부여하는 제품에 대해서도 높게 관여한다.

그리고 제품 사용을 통해서 혹시 초래될지 모르는 위험성에 대해서 지각할 때 높게 관여한다. 위험성에 대해서 지각하는 것을 지각된 위험perceived risks이라고 표현하는데, 제품기능이 제대로 발휘되지 못할 것에 대한 성능의 위험과 사용으로 인한 자아 이미지에 미치게 될 부정적인 영향을 걱정하게 된다.

또한 제품의 구매가 준거집단reference group으로부터 부정적으로 평가받을 위험, 예를 들어 고급 승용차를 타고 싶은 고등학교 교장 선생님이 학부모와 주변 사람들을 의식해서 구매를 주저하는데 이는 사회적 위험인 규범적 신념normative belief 때문이다. 그리고 구매시 지출해야 하는 비용이 본인의 가처분소득에 비해 클 때 갖는 재무적 위험과 구매 후 사용상에 있어서의 고장, 리콜 등에 따른 시간손실 위험이 있는데 이는 바쁜 고객과 전문가일수록 시간손실 위험에 대해 높게 관여하게 된다.

상황적 요인

제품과 서비스에 대한 관여도는 소비자의 구매상황에 따라 달라진다. 평소 원산지를 고려하지 않고 산낙지를 즐겨 먹는 필자도 자녀와 조카가 먹을 때에는 국산만을 사기 위해 일시적으로 관여도가 높아진다. 또한 본인이 사용하기 위해 구매하는 경우에 비하여 선물로 구매할 때에는 일시적으로 관여도가 높아져 정보탐색과 이에 대한 대안평가를 고심하게 된다.

이와 같이 구매 목적과 상황에 따라 변화하는 상황적 관여는 구매 상황에 따라 변화된다. 따라서 소비자는 위에서 언급한 세 가지 요인에 따라 높게 관여할 수 있고 낮게 관여할 수 있다.

따라서 자사 제품을 먼저 고관여, 저관여로 분류하고 이에 따른 마케팅 시사점을 도출한 후 가망고객이 개인적으로 어떤 요인에 있는지를 파악하며 소구 포인트appeal point를 개발한다면 고객의 니즈needs를 충족시켜 최적의 영업 효율성을 구가하게 된다.

1.4 라이프 스타일life style

소비자들이 살아가는 방식은 다양하다. 여유 시간과 돈이 있으면 취미생활에 관심을 갖는 사람이 있는가 하면 봉사활동에 관심을 갖는 사람이 있다. 지금처럼 겨울이 오면 스키를 즐기는 사람이 있는가 하면 실내 스포츠를 선호하는 사람도 있다. 라이프 스타일은 이와 같이 소비자들이 살아가는 방식으로, 개인마다 독특한 삶의 양식이다. 라이프 스타일은 고객욕구needs에 영향을 미치며 소비자의 구매 행동에도 영향을 미친다. 이러한 소비자의 소비 행동은 다시 라이프 스타일을 강화시키는 선순환적인 메커니즘을 만든다. 오늘날 많은 제품과 서비스들은 소비자의 라이프 스타일을 반영한 제품, 예를 들어 레저스포츠 활동을 즐기는 소비자는 일반 승용차보다 SUV를 구매하는 경향이 높다. 라이프 스타일은 보다 구체적으로 소비자들이 자신의 여유 시간을 어떻게 소비하는가action, 시장환경에서 특별히 고려하는 요소는 무엇인가interest, 그리고 소비자 자신과 준거집단reference group에 대한 생각opinion은 무엇인가의 총체로서 나타난다.

이제부터 라이프 스타일 3가지 유형을 통한 마케팅 시사점을 제고해 보자.

가치표현적 기능value-expression function

가치표현적 기능의 라이프 스타일은 제품구매 시 가격, 품질 기능보다는 디자인, 컬러 등 외관상의 미적 기능을 중시하면서 자신의 가치를 한껏 상징적으로 표현하기를 즐기는 소비자로서, 비즈니스맨 입장에서는 디자인, 컬러 등의 편익benefits을 중심으로 고객 상담을 통하여 설득한다. 담배를 피워 남성다움을 과시하려는 소비자에게 말보로의 카우보이 이미지는 그 소비자의 가치표현에 도움을 줄 수 있다. 따라서 비즈니스맨은 자사 제품의 구매 사용이 어떻게 그 가치를 적절하게 표현할 수 있는지 소구 포인트를 개발하면 된다.

실용적 기능utilitarian function

가격 대비 품질, 기능 등 실질적인 욕구가 강하므로 경쟁사 대비 합리적인 가격과 이에 따른 품질과 기능상의 여러 편익을 소구appeal해야 한다. 실용적 기능의 라이프 스타일은 제품 구매로 얻어지는 편익은 최대화하고 비용은 최소화해 고객가치를 창출함과 동시에 가격은 C급이고 품질은 A급을 원하는 작금의 'PLAN C' 시대에서 시장 트렌드와 상관관계가 매우 높다고 할 수 있다.

자기방어적 기능ego-defensive function

제품 구매 사용의 목적은 자신의 핸디캡을 방어하기 위한 목적이므로 자사 제품의 특징 중 이에 부합하는 특징을 장점으로 전환해 소구한다. 이는 프로이트 심리학에 토대를 두는데 제품 사용을 통해 소비자의 내부적 불안감이나 외부적 위험으로부터 방어 받으려는 기능을 갖는다는 것이며 가치표현적 기능과는 반대가 된다. 자기방어적 기능의 소비자는 자신의 약점이 드러나는 제품을 회피하고 반대로 본인의 약점을 감춰주는 제품을 구매하려고 한다. 예를 들어 소극적이고 내성적이라고 생각하는 남자들이 남성적 이미지가 강한 제품(술·담배) 등을 많이 소비하려 할 수 있다. 살찐 사람들은 검은색 옷을 입어 좀 덜 살쪄 보이려고 하는 경향이 있다. 서양인들이 향수를 많이 뿌리는 것은 그들의 고유한 암내를 방어하기 위함인데 우리가 그들과 같이 과용한다면 내 몸에서 악취가 난다는 것을 방증할 수 있으므로 유의해야 한다.

라이프 스타일은 소비자가 일상생활을 하면서 형성된 개인 고유의 특성이다. 라이프 스타일에 따라 시장을 세분화segment하고 세분시장 속에서의 목표 고객target을 선정하고 각각의 유형에 따라 포지셔닝positioning을 통한 마케팅 전략STP을 수립한다면 비즈니스 성과 극대화는 불문가지이다.

2.1 하이트 맥주 STP 사례

소비자정보를 토대로 한 하이트맥주의 마케팅전략은 다음과 같다.

첫째, 마케팅조사 결과 조선맥주의 각 제품들은 전부 '씁쓸하고 상쾌하지 못한 맛'이라는 이미지로 나타났으며, 크라운에 대한 소비자선호도가 5%에 불과하여 소비자의 mind share가 OB와 비교하여 절대적으로 열세인 것으로 나타났다. 또한 페놀사태를 계기로 깨끗한 물에 대한 소비자욕구가 높아졌다(불충족된 고객욕구의 발견→시장기회).

둘째, 시장조사결과를 토대로 맥주시장을 세분화한 다음, 시장규모가 계속 증가하는 20~30대의 가정용 구매집단 및 직장인 음용집단을 표적 세분시장으로 선정하고, 부드럽고 깨끗한 맛을 가진 맥주로 포지션하였다(시장세분화 및 제품포지셔닝전략).

셋째, 제품포지셔닝전략에 따라 다음과 같은 마케팅믹스(4P) 전략이 수립·수행되었다(마케팅믹스 전략).

하이트 맥주는 지하 150m의 100% 천연암반수로 만든 깨끗한 맥주임을 강조함으로써 제품차별화를 하였다. 또한 기존맥주와의 차별화를 위해 미생물을 완전히 제거한 국내 최초의 비열처리 맥주임을 강조했다.

이와 함께 "맥주를 끓여 드시겠습니까?", "이젠 하이트로 바꿨습니다" 등의 경쟁적인 광고를 사용하면서 광고문구 중에 조선맥주라는 만년 2위의 회사명과 크라운이라는 케케묵은 상표명을 감추고 하이트만을 강조하는 커뮤니케이션전략을 실시하였다.

또한 하이트맥주는 고급맥주의 이미지에 걸맞게 상대적으로 고가전략을 채택하였다.

3.1 프로스펙트 이론prospect theory과 마케팅 시사점

전통적 효용이론에서는 소비자의 효용은 절대적 부의 수준 final wealth position에 의해서 좌우된다고 보는 데 반해 프로스펙트 이론에서는 소비자의 준거점reference point을 어디에 두는가에 의해 평가대상의 가치가 결정된다고 본다.

예컨대, 천만원을 가진 사람이 내기를 해서 10만원을 잃었다면 990만원에 대한 효용을 느끼는 것이 아니라 잃어버린 10만원에 대한 비효용을 경험하게 된다는 것이다.

프로스펙트 이론의 가치함수에서 도출되는 결론 중 중요한 것은 "이득은 나누고 손실은 합하라"는 것인데, 이는 가치함수가 손실영역과 이득영역에서 그 모양을 달리하는 데에 기인한다.

예컨대, 소비자에게 두 개 이상의 사은품을 제공하는 경우 이들을 한번에 제공하는 것보다는 별도의 사은품으로 나누어 제공하는 것이 효과적일 것이다. 반면 소비자가 받은 서비스에 대한 계산서를 제시할 때는 여러 개로 나누어서 제시하는 것보다는 한번에 묶어서 제시하는 것이 소비자의 지각된 손실을 줄여주는 것이 된다. 클럽 메드에서 숙박료, 음식, 교통비 등을 모두 미리 지불하게 하는 패키지 여행상품을 판매하는 것도 이같은 원칙을 충실하게 마케팅에 적용한 결과로 볼 수 있다.

그 밖에도 기업이 소비자에게 제시하는 '권장소매가격'suggested retail price은 소비자에게 준거점의 역할을 하게 된다.

예컨대, 권장소매가격이 만원이라면 소비자가 '할인된' 가격 9,000원에 상품을 구입하는 경우 그 소비자는 권장소매가격이 제시되지 않은 채로 그 상품을 정가 9,000원에 구입한 경우에 비해 싸게 구입했다는 느낌을 갖게 된다. 이는 권장소매가격 만원이 준거점이 되므로 9,000원에 구입하게 되면 마치 1,000원의 이득이 있었다고 느끼게 되지만, 권장소매가격이 제시되지 않는 경우에는 그런 느낌을 갖지 않을 것이기 때문이다.

그러나 권장소매가격이 소비자의 통념에 비해 터무니없이 높고 이에서 대폭 할인된 가격에 상품이 판매되는 경우에는 소비자들이 권장소매가격 자체에 대해 신뢰를 주지 않게 되므로 권장소매가격이 더 이상 준거점으로서의 역할을 할 수 없게 된다. 뿐만 아니라 그 상품이나 그것을 만든 회사에 대한 불신까지 생겨나게 되어 권장소매가격을 제시하지 않는 것보다도 못한 결과를 낳게 될 수도 있다.

4.1 소비자 구매행동의 유형

고관여high involvement 소비자의 구매행동은 최초구매자인가 또는 반복구매자인가에 따라 복잡한 의사결정과 상표애호도로 나누어진다. 복잡한 의사결정complex decision making은 관여수준이 높고 새로운 제품을 구매하는 소비자의 구매행동이다.

소비자가 구매 후 만족하게 되면 주변사람 약 8명에게 긍정적으로 구전하고, 불만족하면 약 25명에게 부정적으로 구전한다고 한다. 또한 만족하는 경우 동일한 제품을 반복구매하게 되는데 이를 상표애호도brand loyalty라고 한다.

소비자가 그동안 구매해 오던 상표에 싫증이 나서 또는 단지 새로운 것을 추구하려는 의도에서 다른 상표로 전환하는 행동을 다양성추구variety seeking라고 한다. 다양성 추구행동은 최적자극화이론에 의해 설명될 수 있다. 즉 최적자극화이론에 의하면 사람들은 적정수준의 활성화를 유지하려고 한다. 따라서 활성화수준이 너무 낮거나 너무 높으면 이를 변화시키려고 한다. 다른 상표로의 전환은 소비자의 일상생활에 새로움을 불어넣어 줌으로써 자극수준을 상승시키는 수단이 될 수 있을 것이다.

제품사용경험이 있는 저관여(예: 껌, 휴지, 음료수 등) 소비자가 구매된 상표에 어느 정도 만족하여 복잡한 의사결정을 피하기 위해 동일한 상표를 반복구매하게 되는 경우를 관성적 구매inertia라고 한다. 상표애호도는 소비자가 호의적 태도를 가진 특정상표를 반복구매하는 행동이지만 관성적 구매는 그 상표에 대한 강한 호의적 태도에 의한 반복구매라기보다는 구매노력을 덜기 위하여 친숙한 상표를 반복구매하는 것이다. 따라서 관성적 구매를 가식적 애호도spurious loyalty라고 한다.

한편 충동구매impulse purchasing 또는 비계획구매는 소비자구매의 또 다른 유형이다. 충동구매는 문제인식이 없거나 또는 점포방문 전까지 구매의도가 없는 상황에서 발생된 구매행동이다.

충동구매는 강한 호의적 감정이 발생되는 순간 즉각적으로 구매가 이루어지는 것이다. 충동구매는 일상생활에서 빈번하게 발생된다. 가령, 백화점구매의 39%, 그리고 식품점구매의 67%가 계획없이 이루어지는 것으로 나타났다. 따라서 효과적 점포내 머천다이징, 디스플레이, 인적판매노력은 충동구매의 가능성을 높일 것이다.

충동구매와 관련된 구매행동으로서 강박적 구매compulsive buying 또는 중독구매addictive purchase가 있다. 강박적 구매(중독

구매)는 도저히 통제할 수 없는 강한 구매욕구에서 발생된 구매행동으로 소비에 지나치게 집착함으로써 소비자에게 부정적 결과를 초래할 수 있다.

충동구매는 특정제품을 소유하려는 강한 갈당에서 비롯되지만 강박적 구매는 자아존중감의 회복이나 심리적 긴장해소를 위해 이루어지며 구매 후 부정적 감정인 후회를 수반하는 경우가 많다.

4.2 준거집단

준거집단reference group은 소비자 행동에 직접 또는 간접적 영향을 미치는 집단으로서 가족, 친구, 사회계층, 그리고 더 나아가서는 시대를 공유하는 가치체계인 문화culture를 말한다. 준거집단은 소비자 행동에서 사회적 규범과 이에 호응하려는 순응동기를 제공한다는 점에서 소비자 구매 행동에 결정적 역할을 하게 된다.

이러한 준거집단의 영향력은 그 집단의 사회적 힘에서 비롯된다. 사회적 힘이란 한 사람이 다른 사람에게 미칠 수 있는 잠재적 영향력을 말한다.

프렌치와 래번French and Raven은 사회적 힘의 원천으로 다음의 5가지 유형을 제시했다.

① 강제적 힘coercive power

② 보상적 힘reward power

③ 전문적 힘expert power

④ 합법적 힘legitimate power

⑤ 준거적 힘referent power

강제적 힘은 물리적 위협에 의존하는 힘이다. 집단의 구성원들이 이 같은 힘에 순응하게 되는 것은 불응할 경우 초래될지 모르는 부정적 결과에 대한 공포 때문이다.

보상적 힘은 의미 있는 것을 제공할 수 있고 이에 순응함으로써 긍정적인 결과를 기대할 수 있게 하는 능력이다.

전문적 힘은 전문적인 기술이나 지식으로 타인의 구매 행동에 영향력을 행사한다. 예를 들어 카레이서는 자동차 구매에 영향력을 행사할 수 있다.

합법적 힘은 공식적 권한의 힘으로 자신의 지위를 이용해 구성원의 의사결정에 영향을 미칠 수 있다. 스키친목회 총무는 자신의 지위를 이용해 스키용품 구매와 숙식 여브에 관한 결정에 영향력을 행사할 수 있다.

준거적 힘은 어떤 개인의 모습과 행동을 본받고 싶은 열망에서 나온다. 따라서 마케터가 20대 초반을 목표 고객으로 설정했다면 그들이 좋아하는 유명 연예인이나 스포츠 스타를 광고모델로 등장시켜 가치표현적 라이프 스타일을 자극하는 것이다.

준거집단의 대표적인 가족구성원들은 소비자 의사결정 과정에서 각자 다양한 역할을 수행한다. 그 역할에는 다섯 가지가 있으며 한 구성원이 한 가지 또는 몇 가지 역할을 할 수 있다.

① 정보수집자information gatherer: 해당 제품에 대한 정보탐색을 통해 제품에 대한 속성을 파악하고 전문지식을 가지고 있는 구성원이다.

② 영향력 행사자influencer: 대안평가에서 많은 영향을 미치는 사람으로서 경쟁 제품에 대한 각각의 속성에 대해 평가 기준을 제시할 수 있다.

③ 의사결정자decision maker: 제품 구매에 결정적 역할을 하는 사람이다.

④ 구매 담당자purchaser: 결정된 제품을 구매하는 사람으로서 점포 결정과 결재 방식에 대한 재량권을 행사할 수 있으므로 고객관계관리CRM의 관점에서 주요 고객client이다.

⑤ 사용자user: 구매 제품의 사용자는 혼자일 수도 있고 가족 전체일 수도 있다.

제품 사용 후 만족과 불만족 결과는 충성고객을 결정하는 단서cue로서 기업의 지속성장과 발전에 지대한 영향을 미친다. 영업사원은 소비자의 의사결정 과정에서 역할을 분담하게 될 가족 구성원에 따라 소구 포인트appeal point를 차별화해 감성적 설득을 하고 마케터는 마케팅 전략에서 비즈니스 프로세스의 효율성 제고를 위한 각각의 포지셔닝 전략을 수립해야 함을 시사한다.

4.3 가 족

소비자행동을 이해하는 데 필요한 요소로서 가족에 대한 이해를 바탕으로 소비자행동에 대한 마케팅 시사점을 도출해 본다. 가족은 소비행동에 가장 많은 영향을 미치는 준거집단reference group이며, 따라서 비즈니스맨은 가족의 공동 의사결정과 가족 구성원들 간의 관계에 대한 의미를 파악해야 한다. 가족은 중요한 결정일수록 공동결정을 한다.

예를 들어 어버이날을 맞아 세 남매가 부모님을 모시고 가족 여행을 고려하는 상황을 설정해 보자. 세 자녀는 여행지에 대한 정보를 함께 탐색할 수 있다. 그러므로 모두가 정보수집자가 된다. 또한 상호간의 정보에 귀를 기울일 수 있으므로 영향력 행사자로서의 역할도 담당한다.

그러나 비용과 시간이 많이 소요된다면 세 남매 중 한 사람이 의사결정자의 역할을 한다. 이때 차남은 여행사와 관련된 일을 한 경험이 있으므로 구매담당자의 역할을 하게 되고 온 가족은 사용자가 된다.

이와 같이 가족구성원들은 의사결정에서 다양한 역할을 수행한다.

그러면 어떤 소비 상황에서 가족의 공동 의사결정이 많이 이뤄질까?

1. 제품구매 시 지각된 위험이 높을 때 잘못된 결정은 가족구성원 모두에게 나쁜 영향을 미치기 때문에 구매 후 위험을 감소시키기 위해 공동 결정을 하게 된다. 예를 들면 아파트 구입은 재무적 위험, 교통과 소비생활에 관련된 사회적 위험, 그리고 노인인 경우에는 심리적 위험 등으로 인해 공동 구매 의사결정을 하게 된다.

2. 구매 의사결정이 가족에게 중요할 때 공동 결정을 하게 된다. 예를 들면 자동차나 초미세먼지가 극성을 부리는 요즘에 공기청정기 등을 구매할 때이다. 그러나 어떤 경우에는 중요성은 크지만 준거집단에 의해 결정을 할 수 있다. 예를 들면 지난 3년간 공기청정기를 사용해 만족한 동생이 추천한 경우이다.

3. 구매시간에 대한 여유가 많을수록 공동 결정을 할 수 있다. 그러나 시간적 여유가 없으면 가족 중 어느 한 사람이 결정한다. 현실적으로 많은 제품의 경우 공동 의사결정을 할 만한 가치가 없는 것도 이유 중 하나이다.

4. 인구통계적 특성에 따라 공동 결정의 정도는 다르다. 젊은 부부인 경우엔 공동 결정을 하는 경향이 높다. 그러나 중년 이상인 경우엔 가족 구성원의 취향을 잘 알게 되므로 공동 결정의 필요성이 낮아진다.

따라서 비즈니스맨은 제품의 성격과 가족구성원의 역할과 분담 정도에 따라 달라지는 공동 의사결정 과정family buying decision process에서 촉진promotion전략 중 구매역할 구성원에게 특화된 이벤트, 가격할인, 전시회 등의 판매촉진sales promotion을 실시해야 함을 시사한다.

5.1 구매 후 부조화
post-purchase dissonance

구매 후 부조화는 1957년 페스팅거Festinger에 의해 제기된 인지 부조화cognitive dissonance의 한 가지 유형인 결정 후 부조화post-decision dissonance와 사실상 동일한 것이다.

의사결정은 원래 2개 이상의 대안들 중 한 가지를 선택하는 행위로서 선택한 대안이 선택하지 않은 대안에 비하여 갖는 상대적 단점(혹은 선택하지 않은 대안이 선택한 대안에 비하여 갖는 상대적 장점) 때문에 결정 후 부조화가 발생한다. 마찬가지로 구매 후 부조화는 각각의 선택대안이 갖는 상대적 장점이 상충되기 때문에 발생하는 것이다.

소비자의 구매 후 부조화는 보통 다음과 같은 경우에 발생할 가능성이 높다.

1. 구매결정을 취소할 수 없을 때

2. 선택한 대안이 갖지 않은 장점을 선택하지 않은 대안(들)이 가지고 있을 때
3. 마음에 드는 대안들이 여러 개 있을 때
4. 소비자가 자신이 전적으로 자기 의사에 따라 결정을 하였을 때

그러므로 자사의 입장에서의 마케팅 시사점은 구매 후 부조화를 느끼면 이를 긍정적으로 해소/감소시킬 수 있도록 다음과 같은 방법으로 도와주어야 한다.

첫째, 마케터는 강화광고reinforcement advertising에 의하여 자사 제품의 좋은 면을 강조함으로써 소비자의 선택이 현명하였음을 확인시켜 준다.

둘째, 마케터와 영업사원은 판매 직후 감사의 뜻과 함께 구매자에게 거래 후 서신post-transaction letter, 안내책자, 혹은 전화, e-mail 서비스, SNS 등으로 소비자에게 선택의 올바름을 확인시켜 줌으로써 구매 후 부조화 감소에 도움을 줄 수 있다.

5.2 점포관리

동일 상권에서 둘 이상의 점포가 포화상태에서 치열한 경쟁을 할 때 고객이 어떤 점포를 선택할 것인가는 고객들의 점포 이미지shop image에 의해 결정된다. 점포 이미지에 따라 소비자 선택이 결정되므로 점포관리는 소비자 행동에 큰 영향을 미친다.

자영업자는 내 점포와 경쟁 점포에 대한 이미지를 비교함으로써 점포 간의 강·약점 분석SWOT을 토대로 고객을 유인하는 점포 차별화 전략을 수립할 수 있다.

점포관리는 마케팅전략STP의 결과로 형성된다. 점포의 위치, 취급 품목, 분위기, 지역사회 공헌활동과 가격 및 판매원 등 마케팅 전술(4P)의 변수가 점포 이미지 형성에 영향을 미치게 된다. 따라서 점포 주인은 정기적으로 자기 점포의 이미지를 분석해야만 고객이 내 점포의 마케팅 전략과 전술을 어떻게 지각하는지를 파악할 수 있다. 예를 들어 고객욕구를 만족시키기 위해 차별화를 추구하는 점포는 고객관점에서 과연 본인 점포에 대해 그러한 이미지를 갖는지 상시적인 모니터링이 요구된다.

점포 이미지는 점포의 객관적 요소와 주관적 속성의 상호작용으로 형성된다. 객관적 요소는 상품의 구색, 가격, 서비스 품질servqual 등 관찰 가능한 기능적 특성이며, 주관적 속성은 쾌적한 분위기 등 매장에서 느끼게 되는 즐거움이나 편안함과 같은 소비자의 심리와 관련된 것을 말한다.

점포 이미지 형성에 영향을 미치는 요인들은 매우 많으며 업종 및 점포 유형에 따라 달라진다. 점포 이미지는 소비자가 특정 시점에 점포를 선택할 때 특별히 중요시 여기는 점포 속성에 의해 결정된다.

린드퀴스트Lindquist는 점포 이미지에 대한 기존 연구를 종합 분석한 후 중요한 점포 속성으로 제품구색, 가격, 서비스, 품질, 점포 위치 등을 들고 있지만, 점포 이미지 구성요소로 일반적으로 많이 인용되는 목록으로는 취급 상품의 구색과 품질, 가격, 서비스, 점포 시설물의 특성 등이다.

판매원의 역할과 관련, 프린스턴대학교는 매출과 동일 판매원의 상관관계에 대해 실험한 결과 ① 하루 종일 판매원에게 인상을 쓰게 했더니 매출 결과는 무실적, ② 판매원이 무표정인 경우 평소 매출의 10~30% 수준, ③ 판매원이 웃으면서 손님을 맞이했더니 최대 10배 이상의 매출을 달성했다고 나타났다.

이는 고객 접점에 있는 점원의 역할이 점포의 매출에 결정적인 역할을 하며 충성고객brand loyalty 육성의 원천이니 모든 업종을 불문하고 주기적인 고객서비스 교육을 통한 서비스 품질 관리를 시사한다.

연구 결과에 의하면 점포 내에서 쇼핑을 하는 동안 즐거움과 기분이 좋아지는 소비자들은 그렇지 않은 소비자들보다 점포 내 쇼핑 시간과 점원과의 소통이 증가했으며 구매 계획보다 더 많은 구매를 했다. 그러나 점포 환경이 기분을 좋게 하더라도 고객 접점에 있는 점원으로 인해 즐겁지 않은 것으로 인식한 소비자들은 구매가 감소됐다.

경쟁 점포들 간 제품의 물리적 속성과 가격에서 차이가 별로 없고 고객들의 라이프 스타일life style과 욕구needs가 세분화되고 다양화되는 추세에서 점포관리의 차별화는 가격대비 성능 비율의 '가성비價性比'에서 가격대비 마음의 만족감을 나타내는 '가심비價心比'로 진화하는 최근의 소비자 행동 변화에서 그 의미가 점점 증가하고 있다.

좋은 점포 분위기를 접한 소비자들은 그 점포가 가성비가 좋은 상품들을 취급할 것으로 생각하며 이는 가심비로 연동될 것이다. 점포 분위기는 주로 점포의 물리적 특성(layout, 음악, 향, 컬러, 네온사인, 인테리어, 집기 등)들에 대한 소비자의 지각으로부터 형성된다면 뉴노멀 시대에 가심비는 필요조건이 아닐까.

6.1 실적증진을 위한 소비자 의사결정과정

영업의 인격은 숫자, 즉 실적으로 평가한다고 한다. 따라서 최적의 영업성과를 창출하기 위해서는 우선 소비자의 이해 즉 행동방식을 알아야 한다. 그 중 소비자 의사결정과정decision making process에 대해서 알아보기로 한다.

예를 들어, 3G폰을 사용 중인 소비자의 현재의 상태와 LTE폰을 구입하고자 하는 이상적인 상태와의 차이gap를 사례로 하여 설명해 보자.

첫 번째 3G폰을 사용해서 발생하는 불편함을 해소하기 위한 '문제인식'의 과정을 겪게 된다.

두 번째 '문제인식' 상태에서 이제 LTE폰을 구매하려고 할 때 어느 회사의 폰을 구입할 것인지를 알아보고자 할 것이다. 즉 '정보의 탐색'단계이다. 예를 들면, 삼성, 애플, LG 등 상표들간의 제품사양을 알아보려고 할 것이다.

도표 6 소비자의 의사결정과정

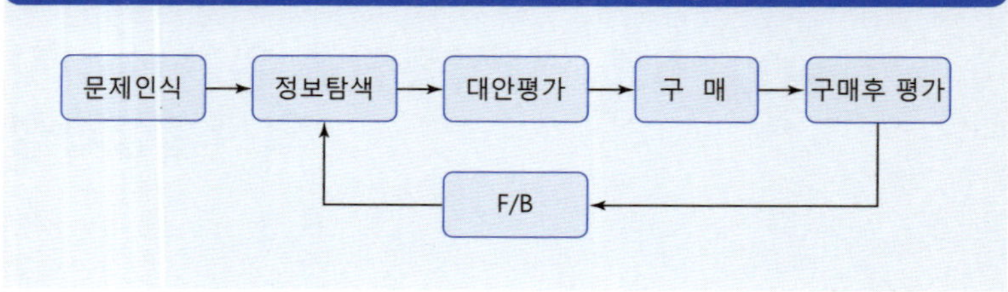

이 때 두 가지 방식이 있는데, '내적 탐색'과 '외적 탐색'이 바로 그것이다. 전자는 소비자의 기억 속에서 찾아내는 방법이고, 후자는 기억 밖에서, 즉 광고, 기사, 점포원 등으로부터 제품정보를 입수하는 것이다.

그렇다면 이 경우의 마케팅 시사점은 소비자의 기억 속에 자사 제품을 상시적으로 상기recall가 가능하게 인식하도록 해야 한다는 것이다.

세 번째 단계는 바로 '구매'단계이다. 즉 소비자가 정보의 내적·외적 탐색과정을 거치고 나서 특정제품을 선택하는 것이다.

네 번째 단계는 '구매 사용 후 평가'이다. 사용 후 만족하면 반복구매를 통한 충성고객으로 발전하여 기업의 지속성장의 바탕이 된다. 불만족인 경우에는 부정적 구전효과의 노출과 불평anti고객으로 악화될 개연성이 있을 수도 있으므로 CS부서에서는 고객만족에 만전을 기하여야 함을 시사한다.

6.2 선거 마케팅election marketing

요즈음 동네에서나 거리에서 한 번쯤 대선 후보자들의 포스터를 봤을 것이다. 후보자가 유권자에게 자신을 알리는 일체의 행위는 기업이 상품을 소비자에게 팔기 위한 마케팅 전략과 원리가 같다. 선거에서 이기기 위한 간단한 선거마케팅 전략을 알아본다.

마케팅 전략과 전술을 수립하라!

후보자가 상품이라면 표심을 위한 마케팅 전략STP과 전술4P이 필요하다. 마케터marketer가 시장을 세분화하고segment, 세분시장에서 목표 고객을 설정하고targeting, 설정된 목표 고객에게 경쟁우위를 통한 자리매김 즉 포지셔닝positioning 전략을 수립해야 하는 것처럼 선거마케팅도 이와 같다.

마케팅 전략 차원에서는 먼저 본인의 선거구를 지지도의 등

급에 따라 세분화하고, 해당지역의 여건과 상황에 따라 핵심 지지층을 설정하며, 그 핵심층의 지지를 끌어 낼 수 있는 경쟁우위의 요소로서 타 후보들과 차별화된 공약으로 포지셔닝한다. 마케팅 전술 차원의 상품product과 관련해서는, 경쟁 후보자들보다 특화된 사양으로 지역 주민들의 욕구needs에 만족할 수 있는지, 유통place에서는 유권자와 직접적인 접촉과 간접접촉을 효율적으로 배분해야 한다. 현장에서 가장 많이 활용할 수 있는 전술은 프로모션promotion이다. 먼저 광고는 어떠한 미디어를 선택하며, 홍보는 어떠한 매체와의 인터뷰가 효과적인지, 판매촉진sales promotion에서는 무엇을 어느 장소에서 몇 회, 몇 시간을 어떤 이벤트로 얼굴 알리기를 극대화할 것인지가 관건이다.

유권자에게 3번 이상 노출시켜라!

기업은 시장에서 신제품을 알리기 위해 프로모션을 통한 3번 이상 반복 노출로써 인지도awareness를 쌓는다. 물론 인지도와 지지도가 비례하는 것은 아니다. 이름이 많이 알려지는 것도 중요하지만 브랜드를 좋게 알려 구매를 유도하는 것처럼 표심을 얻기 위해서는 최소한 3번 이상 접촉을 토대로 선호도likeliness를 형성해야 한다. 이러한 가운데 지지자도 구분할 수 있고, 지지층은 그 기반을 공고히 하게 되고, 지지자의 추천까지도 의뢰해,

지지 기반을 폭 넓게 확대할 수 있다. 필자는 20년 전 공직선거에 출마 당시 이렇게 하여 최소의 비용으로 50% 이상 지지도로 당선된 경험이 있다.

Key man을 확보하라!

선거도 인적자원의 핵심 역량에 달려 있다고 볼 수 있다. 먼저 충성도 높은 중심 인물들의 확보 여부가 당락에 결정적일 수 있다. 어떤 사람이 주요 인물일까? 단순한 참모로서의 기능뿐 아니라 상황과 여건에 따라 후보자를 적절히 대신할 수 있는 아바타가 될 수 있는 사람이어야 한다. 그리고 무엇보다 선거 후에도 끝까지 의리를 지킬 수 있어야 한다.

디자인에 주력하라!

결정적인 승부처는 디테일detail에 있다고 한다. 무조건 서민적이거나 획일적인 점퍼는 유권자의 시선을 집중하지 못한다. 의상, 헤어스타일, 신발, 향수 등은 전문가의 도움이 필요한 영역이다. 명함을 비롯한 인쇄물은 유권자의 오감을 자극하는 '감성마케팅'에 주력해야 한다.

지금 같은 동절기에는 따뜻한 비주얼과 감성적인 글자체로

디자인하면 열독률熱讀率에 도움이 된다.

소통해야 한다!

다양한 유권자들을 만나다 보면 지역현안은 물론 개인사까지도 들어야 되는 경우가 있다. 불평불만을 잘 들어주고 대안은 차후 문제이다. 모든 불평불만과 민원을 해결하겠다는 것은 진정성이 떨어진다. 그 내면에 깔려 있는 동기나 정서에 향후 함께하겠다는 공감대 형성이 무엇보다 주요하다. '마음을 비우고 기氣로 소통하라! 비우는 것이 심재心齋다!' 이것이 장자莊子가 꿈꾸던 소통의 방식이었다.

7.1 SNS 마케팅의 벤치마킹

1. 델 컴퓨터

오로지 전화주문만으로 판매하여 유통의 거품을 완전 제거한 다이렉트direct 마케팅으로 가격경쟁력을 실현한 Dell 컴퓨터가 트위터를 활용하여 재고정리를 한 바 있다. 또한 트위터를 통하여 필요할 때 필요한 만큼만 공급하는 공급망관리SCM: supply chain management도 함께 하니 그야말로 일거양득의 마케팅효과를 거두었다. 이에 따라 최적의 성과를 창출하게 되었다.

작년에 자동차 부품회사의 파업으로 완성차 업체들의 생산차질로 인한 SCM의 효과에 대한 논란은 본서에서는 생략하기로 한다.

2. 리바이스의 아이스파이 이벤트

리바이스Levi's는 패션모델에게 여러 장의 청바지를 입히고 거리를 활보하게 하면서 모델이 자기의 위치를 팔로우어follower에게 트윗twitt으로 알리게 하고, 모델을 발견한 팔로우어는 그 모델이 입고 있는 청바지를 벗겨 본인이 갖는 아이스파이iSPY 이벤트를 실시하여 30만 명이 참여하는 광고효과를 거두었다.

3. 고 기

고기Kogi 비비큐는 미국에 있는 이동트럭 음식점이다. LA에서 트윗 마케팅으로 소비자들에게 트럭의 정차위치와 시간을 제공하면 음식을 먹기 위해 긴 줄을 서서 기다리고 있을 정도라고 한다. 그런데 혹시 이동트럭과 트위터가 무슨 관계인지 짐작할 수 있겠는가? 바로 "트위터를 활용한 영업장소 알림"인 것이다.

4. 맥도날드의 빅맥송

시청자가 동영상을 올림으로써 TV에 나올 수 있다는 점이 큰 호응을 불러일으키고 있다. 소비자가 맥도날드 햄버거의 재료를 소재로 작사·작곡한 노래를 동영상으로 제작하여 올리면 소정의 심사를 거쳐 포상하는 이벤트인데, 이러한 참여 마케팅으로 자연스럽게 햄버거를 먹게끔 충동하여 판촉예산의 지출 없이 매출의 30%를 더 올렸다.

5. 스타벅스

"단순히 커피라는 음식이 아닌 영혼을 판다"라고 하는 하워드 슐츠Howard Schultz 회장의 스타벅스Starbucks는 페이스북 마케팅을 통하여 쿠폰 행사를 실시하였다. 약 1,500만명의 페이스북 회원들을 대상으로 하였는데, 이 숫자는 레이디 가가Lady Gaga의 회원보다도 많다고 한다.

위치기반서비스 회사인 포스퀘어Foursquare와 연계하고 Mayor들과의 CRM을 통하여 Mayor들이 스타벅스 커피점을 이용할 시 할인을 해주는 고객관계관리 마케팅을 페이스북을 활용하여 행하고 있다.

6. 코카콜라

브랜드 자산brand equity 1위 기업인 코카콜라사는 페이스북을 통하여도 마케팅 활동을 하는데 단순히 제품 홍보만을 하지는 않는다. 코카콜라사는 페이스북을 통하여 코카콜라의 시음에 대한 공감(친근감)과 fun(즐거움)을 소비자의 일상으로 스케치하게 하고, 이를 동영상으로 제작하여 본사에 전송하면 소정의 심사를 거쳐 시상하는 콘테스트를 실시하여 선정된 매체를 소비자들과 페이스북을 통하여 공유한다. 따라서 코카콜라를 마시는 소비자는 마치 집안에서 제조한 음식을 나누는 것 같은 즐거움과 가족의 의미 그리고 정을 느낌으로써 코카콜라에 대한 친근감을 갖게 되는 것이다.

이상에서 간략히 살펴 보았듯이 21세기 창조경영사회에서 매출과 주가상승이라는 두 마리 토끼를 잡는 기정전략奇正戰略[1]으로 SNS 마케팅을 활용하는 것은 바로 시대적 요구이다. 싸이의 강남스타일의 성공이 또한 이를 잘 증명하고 있다.

1 기정전략(奇正戰略)이란 정(正)으로써 경쟁자와 맞서고 기(奇)로써 승리를 결정짓는 것을 말한다. 여기서 '정'이란 경쟁자도 알고 나도 아는 것으로, 마케팅에서 가격이나 품질과 같은 것이고, '기'란 남은 모르고 나만 아는 것으로, 마케팅에서 차별화된 서비스와 같은 것이다.

제 7 장

프로세일즈맨의 벤치마킹과 세일즈맨십 3대 요소

1.1 프로 세일즈맨의 벤치마킹

우수한 프로세일즈맨이 되기 위해서는 국내외적인 베스트 세일즈맨을 벤치마킹benchmarking하여 영업마케팅의 시사점을 도출하여야 한다. “인생은 세일즈다”라며 에스키모인에게도 얼음을 팔 수 있고, 기차길 주변의 주택단지를 일거에 팔 수 있다는 확신을 심어 줌으로써 27세에 백만장자가 된 홉킨스Tom Hopkins는 프로세일즈맨의 조건으로 다음과 같은 세 가지를 주장한다.

1. 자신감self-confidence
2. 열정passion
3. 확신conviction

브리태니커 백과사전 세일즈맨으로 시작하여 30대 기업 웅진그룹을 일궈낸 윤석금 회장은 역시 다음 세 가지를 주문한다.

1. 긍정적 마인드
2. 또또사랑(직원과 고객을 사랑하고 또 사랑하자!)

3. 필요한 사람에게 필요한 물건을 파는 것(담대하게 영업하라!). 이는 고객니즈를 만족시키는 자사 제품에 당당하게 자부심을 가지라는 뜻이다.

22년간 보험왕이었던 어머니를 멘토mentor로 삼아 회사의 이익보다 고객의 이익 즉 고객니즈를 먼저 생각하는 고객철학을 정립하여 최연소로 29세에 제약사 영업소장이 된 박수현은 다음과 같은 두 가지를 성공하는 세일즈맨의 조건으로 내세운다.

1. 성공하는 사람들의 태도를 배워라.
2. 성공을 시각화하라.

어려웠던 지난 시절 아기 분유 값을 벌려고 세일즈를 시작하여 마침내 화진화장품 부회장으로까지 도달한 박형미 부회장은 그의 저서「벼랑 끝에 나를 세워라」에서 '벼랑 끝 정신'으로 다음과 같은 세 가지를 제시한다. 그는 이러한 정신으로 자신을 담금질하여 성공하게 되었다고 한다.

1. 먼저 인간이 되라.
2. 진심을 판다.
3. 할 수 있다.

세일즈의 전설로 현재 미국에서 'Sales School'을 운영하고 있는 조 지라드Joe Girard는 세계 기네스 북에 무려 12년간 연속하여 세계 자동차 판매왕으로 등극하였는데, 그 비결은 다음과 같다.

1. 250명 법칙(철저한 CRM을 통하여 고객의 준거집단 250명에게 소개를 받는다)
2. 5명(고객으로부터 최소 5명 이상 소개를 못 받으면 내 세일즈 방식에 문제가 있다)
3. 버드 독bird dog관리(고객감동을 통하여 주변 인물을 소개받게 되는 고객에 대한 프로파일러)

그리고 또한 그는 다음과 같은 신념을 강조한다.

"Yes We can"

필자는 교육종료시 항상 교육생들과 함께 신념강화를 위하여 위 구호를 제창하고 종료한다.

한 때 노숙자의 처지에서 보험설계사로서 27세에 백만장자의 대열에 합류한 폴 마이어Paul J. Meyer는 셀프리더십, 동기부여 등 자기계발을 위한 획기적인 방법들을 제시한다.

보험회사 입사 3주째 만에 해고를 당하지만 오히려 그 회사에 대해 안타까워 하며 대인같은 모습으로 자신감을 잃지 않고 정진함으로써 드디어 27세에 백만장자가 된다.

폴 마이어의 SMI Success Motivation International과 LMI Leadership Management International 프로그램은 동기부여의 대명사로 한국을 포함한 70개국에 보급되고 있다. 그는 또한 세계적인 명사로도 유명한데, 모든 과제를 확실히 실천하기 위해서 '계획을 선명하게 하라!' 등을 강조한다.

브라이언 트레이시Brian Tracy는 노동자의 아들로 태어나 노동자 생활을 전전했으나 나중에는 세일즈맨으로 크게 성공하게 된다. 그의 동기부여이론은 세계적으로 40개국에서 수백만의 삶을 변화시켰다고 한다. 필자는 요즘 브라이언 트레이시의 금지옥엽 같은 수많은 어록 중 다음의 경구를 일상의 화두로 삼아 그의 성공철학을 학습하고 있다.

'나는 내가 좋다! 나는 내가 좋다! 나는 내가 좋다!'

여기서 이상의 세일즈의 대가들의 사례를 통하여 벤치마킹과 실무적 접근의 영업마케팅 시사점 도출을 어떻게 실행하면 좋을까!

1.2 세일즈맨십 3대 요소

세일즈맨의 자질 즉 세일즈맨십salesmanship을 구성하는 것은 과연 무엇일까?

1. 심心: 긍정적 사고

영국의 한 신발회사에서 시장조사를 목적으로 직원 두 명을 아프리카 지역으로 출장을 보냈다. 그 때 신발을 안 신은 아프리카 현지인들을 보고 두 명은 각각 본사로 전보를 친다.

A직원: 아직 한 명도 신발을 안 신어서 시장개척의 가능성이 무궁무진합니다.
B직원: 아프리카 사람들은 신발을 안 신어서 시장개척은 불가능합니다.

이렇게 똑같은 상황을 보고서도 차이가 나는 이유는 과연 무엇일까?

프레이밍 효과framing effect에서도 어떻게 표현하느냐에 따라 소비자 심리는 다르게 지각한다. 예를 들어, 똑같은 제품 Z를 무지방 함유 90%와 지방함유 10%라고 다르게 표시했을 때 소비자의 구매선택 형태는 어떻게 나타날까?

2. 기技: 상담기술, 제품지식(경쟁사), 시사정보

일반적으로 제한된 시간 속에서 고객상담을 진행하기 때문에 영업상담은 반드시 효율적이어야 한다. 이 때 어떻게 상담해야 하는가 하는 상담기법이 필요하고, 또한 이견도출(가격, 납기, 보증기한 등)시 협상기법이 필요하다.

필자는 자동차 세일즈맨 시절에는 주먹구구식인 일방적 상담을 진행하다가 IT영업(PACS) 시절에서야 비로소 기법에 입각한 비즈니스를 할 수 있었다. 이와 같이 아마추어와 프로페셔널 방식 두 가지를 경험한 바 있는데, 이러한 소중한 기회를 교육을 진행할 때 녹여내고 있다.

또한 제품지식은 자사 제품은 물론 경쟁사 제품을 알고 있어야 장·단점 대비의 상담기법에 의거 체계적으로 진행하여 신뢰를 받을 수 있다. 필자가 교육할 때 교육생들에게 물어 보면 특히 이 점에서 미약함을 보이고 있는 경우가 많으므로 참고하면 좋을 것이다.

그리고 시사정보 즉 트렌드를 알아야 고객접점에서 세일즈의 나무와 마케팅의 숲을 통한 고품격의 비즈니스를 전개하여 고객과의 진정한 파트너십을 만들게 된다.

3. 체體: 적극주의자

필자는 자동차 세일즈맨 초년시절에 출근하면서 다음과 같이 마음 속으로 되새기면서 걸어가곤 하였다. 즉

> "내 눈 앞에 돈이 지나가고 있는데 이는 내가 적극적이고 긍정적이면 잡을 수 있다."

그런데 실제로 위와 같은 결과가 나왔다. 그래서 필자는 어려울 때 늘 이 구절을 생각하면서 초심의 중요성을 나름대로 깨닫게 된다.

언젠가 TV에서 '동물의 왕국'이란 프로를 보고 있었다. 사자가 토끼를 발견하는 장면을 보면서 저 사자가 토끼쯤이야 힘들이지 않고 쉽게 잡겠지라고 생각했는데 예상을 깨고 전력질주하는 모습을 보면서 무릎을 치면서 깨달은 것이 있었다. 필자의 세일즈맨으로서의 초심은 적극적 사고주의자가 되자는 것이었다. 이에 따라 출근할 때에는 언제나 마음 속으로 이렇게 속삭였다.

“이 시간부터 내 눈 앞에는 돈이 지나가고 있는데 내가 얼마나 적극적이고 긍정적인가에 따라 잡을 수 있다!”

이러한 세일즈의 도전정신과 열정에 기인하여 필자는 1987년 6월 한 달 세금으로 110만원을 납부한 적도 있었다.

1.3 톱 비즈니스맨의 전략

전설적인 비즈니스맨에 관한 소개로, 먼저 미국 디트로이트 시보레 자동차회사에서 12년간 계속해서 기네스북에 오른 세계 제일의 세일즈맨 '조 지라드Joe Girard'는 최상의 비즈니스는 타고나는 것이 아니라 만들어지는 것이라며 다음과 같은 판매 시스템을 사용한다.

1. 고객을 책 읽듯 읽을 수 있다.
2. 그 고객을 놓치지 않고 영원히 지킬 수 있다.
3. 올바르게 팔아 고객의 마음을 움직일 수 있다.
4. 단 2분간의 전화로 공짜 정보를 알아낼 수 있다.
5. 가장 효과적인 판매 도구인 구전의 사용법을 익힐 수 있다.
6. DMdirect mail을 유효하게 이용할 수 있다.
7. 판매 종결과 함께 우정을 맺을 수 있다.

조 지라드는 '250명 법칙'에 의해서 사람과 사람과의 연결 '인맥'이 세일즈의 기점이 된다는 것을 알고 실행함으로써 성공의 길을 걷기 시작했다. 조 지라드는 어느 친구의 모친 장례식에 참석하기 위해 가톨릭 장례식에 참석, 평균 참석자 수가 250명이라는 점과 결혼식 하객도 평균 250명이라는 점을 깨달으면서 한 사람이 적어도 평균 250명의 주변사람이 있으므로 고객 내지 소개시켜 주는 Bird Dog으로 활용할 수 있다는 비즈니스의 원리로 고객 한 사람의 중요성을 갈파했다.

닛산자동차에서 약 16년간 톱 세일즈맨 자리를 차지했던 오쿠세이의 맹렬 인생도 감탄할 만하다. 그는 하루에 100여 곳의 방문 목표를 설정한 후 끈기 있는 의지력으로 이를 추진했다. 27세 당시 거래처 사장으로부터 "나는 자네의 열성과 의지에 감탄했다"는 격려에 분발해 스스로 맹렬히 자기 계발 노력을 계속한 결과 일본 세일즈 연수센터의 소장이 됐다. 그의 저서「강호 세일즈의 비밀」은 좌절하기 쉬운 세일즈맨에 큰 위안과 함께 영업사원들의 자기 계발에 크게 기여한 바 있다.

저서 내용 중에 영업사원들의 필수불가결한 사항 가운데 일부 핵심적인 사항을 소개한다. 첫째로 톱 세일즈맨이란 가장 많은 패배와 굴욕을 맛본 영업맨이다. 둘째로 톱세일즈맨이란 가장 단호한 거절과 역경을 돌파한 영업맨이다. 셋째로 톱 세일즈맨이란 가장 격심한 패배감과 실망을 맛본 영업맨이다. 그는 톱 세일즈맨이 되기 위해서는 어떻게 하면 좋은가를 철저하게 연구했다. 즉 자동차 세일즈란 특성 때문에 보다 많은 사람들을 접촉하지 않으면 안 된다고 생각한 그는 비장한 각오로 하루에 100명의 고객을 방문한다는 목표를 세웠다. 한마디로 100명의 방문처라 하면 경이적인 숫자임에 틀림없다.

따라서 그는 우선적으로 주간 시간을 좀 더 효율적으로 사용하기 위해 법인法人 소구를 먼저 하기로 했다. 즉 일반 가정에서는 낮에는 가정주부만 있으므로 구매 결정권자인 남편 부재로 인해 계약이 어렵다. 따라서 그는 주간 동안 열심히 법인 소구만 했다. 오후 6시까지 되면 대부분 회사는 업무가 종결된다. 저녁 6시까지 그가 방문한 회사는 약 80여 군데로 20여 개소의 방문 예정 고객이 남게 된다. 그래서 이번에는 오후 6시 이후 가장들이 회사에서 귀가하는 시간을 겨냥해 개인 가정을 소구하기로 했다. 그러나 이것조차도 시간적 여유가 허락지 않았다. 왜냐하면 저녁 9시부터는 제각기 TV뉴스나 연속극에 매달리는 시간이므로 고객에 대한 접근이 어려워진다.

그래서 오쿠세이는 저녁 9시 이후부터는 시내 상점가를 목표로 해 세일즈를 전개했다. 이렇게 그는 하루에 100군데의 불특정 다수 고객을 향한 세일즈를 끈기 있게 추진했다. 즉 그는 계약이 체결되든 안 되든 여하튼 1일 100군데의 소구를 계속했다. 이와 같은 소구 활동에는 대단한 용기와 노력, 체력, 세일즈맨십이 필요했다. 그러나 그는 강인한 집념으로 이를 극복했고 결국에는 '톱 세일즈맨'이라는 영광을 안게 됐다. 오쿠세이를 배경으로 한 경험 저서의 하나인 「강호 세일즈의 비밀」이란 저서를 쓰게 된 계기는 바로 이와 같은 무차별 방문법에 있었던 것이다.

5m만 더 가자

알프스산 정상의 산장에서 5m 떨어진 곳에 십자가가 있다. 그 십자가에 얽힌 사연은 다음과 같다. 한 등산가가 알프스산을 오르다가 심한 눈보라를 만났다. 그는 산 정상에 가면 산장이 있다는 것을 알았기 때문에 눈보라를 뚫고 정상에 오르려 했다. 그런데 엎친 데 덮친 격으로 해가 져서 어둠까지 내렸다. 그는 점점 심해지는 눈보라를 맞으며 어둠 속을 걸었으나 가도 가도 산장이 나오지 않았다. 1m 앞도 보이지 않는 상황에서 헤매던 그는 자신이 길을 잘못 들었다고 절망하게 됐고, 결국 그 자리에서 모든 것을 포기하고 주저앉아 버렸다.

다음날 눈보라가 걷힌 다음, 사람들은 길가에서 얼어 죽은 등산가를 발견했다. 그런데 그가 얼어 죽은 장소는 바로 산장에서 5m밖에 떨어지지 않은 곳이었다. 만일 그가 눈보라와 어둠의 고난 속에서도 5m만 더 갔더라면 살아날 수 있었을 텐데 절망에 빠져 그 자리에 주저앉고 말았던 것이다.

미국의 전설적인 영업왕을 기록한 영화 'Door to Door'의 주인공 빌 포터는 그가 비즈니스를 했던 1950~1970년대에 1년에 한화로 1억 원 이상 매출을 올렸다고 한다. 2020년 현재에도 그 기록은 깨지지 않고 있다. 더 놀라운 사실은 그는 걷고 말하는 것도 불편하고 한 손을 전혀 쓸 수 없는 중증 뇌성마비 환자다. 일반인처럼 살아가길 바랐던 어머니의 노력으로 일반학교를 졸업했다. 일반인과 같은 직업을 갖길 원했지만 세상은 그를 받아들이질 않았다.

화장품과 생활용품을 방문판매하는 왓킨스Watkins 회사의 경우에도 무거운 샘플 가방을 들고 다니기 힘들다는 이유로 그의 입사를 거부했지만, 회사 밖에서 초조하게 기다리고 있는 어머니를 보고 다시 들어가 "저를 가장 힘든 지역territory으로 보내주세요", "아무도 지원하지 않는 곳으로 절 보내주세요"라며 어렵게 입사를 한다. 빌 포터의 어머니는 그의 점심으로 샌드위치를 만들면서 그 위에 'patience'라는 글을 새겨 넣고 인내하고 감내하다 보면 길이 열릴 것이란 조언과 격려에 그는 사람들의 동정, 경멸이란 것도 무시하고 초인종을 자신 있게 눌렀다.

그러나 그의 앞길은 순탄치 않았다. 그는 하루에 15㎞를 무거운 샘플 가방을 들고 방문했지만 4개월이 지나도 비누 하나를 팔지 못했다. 반복되는 거절 그리고 그의 장애를 보고 안타까워 상품을 구입해 주겠다는 사람들에게는 단호하게 말한다. "동정은 필요 없다." 그는 포기하지 않고 매일매일 고객을 발굴하기 위해 잠시도 쉬지 않고 사람들의 집을 방문하지만 무실적에서 벗어나지를 못한다. 회사는 그의 퇴사를 권장하기도 했지만 5m만 더 가는 심정으로 인내하고 또 인내한다.

어머니의 치매로 힘들어지는 시기에도 구두닦이와 호텔 도어맨의 도움을 받아가면서 출근을 했고, 심지어 어머니의 장례식 후 오후에도 잠재고객들을 방문했다. 그의 성실함과 인내에 고객들은 늘어가고 그들의 니즈needs를 파악해 그 욕구에 부합한 장점만을 소구appeal하기 위해 연구하고 어느 고객의 구매 시기가 도래하는지를 미리 파악했다가 대응하면서 신뢰를 구축했다. 그렇게 그의 충성고객brand loyalty만 500명이 넘었다고 한다.

필자는 기업체 임직원 대상 영업마케팅 교육을 할 때 그의 영상을 함께 시청하면서 비즈니스맨의 강인한 정신력과 인내 그리고 긍정적이고 적극적인 사고를 마음 저 깊은 내면에 되새기면서 그들과 빌의 감동을 공유하곤 한다. "5m만 더 가자!"

제 8 장

손자병법 &
고전 마케팅

Business Guide

1.1 비즈니스 분석을 위한 7가지 분석(7계)

적을 알고 나를 알고 싸우면 백 번 싸워도 위태롭지 않다. '손자병법' 3번째 편 '모공'에 원문은 다음과 같다. '지피지기知彼知己 적을 알고 나를 알면, 백전불태百戰不殆 백 번 싸워 백 번 모두 위태롭지 않다. 부지피이지기不知彼而知己 적에 대해 모르고 나만 안다면, 일승일패一勝一敗 한 번은 이기고 한 번은 진다. 부지피부지기不知彼不知己 적을 모르고 나를 모르면, 매전필패每戰必敗 모든 전투에서 반드시 질 것이다. 결국 상대방에 대한 정확한 분석과 나에 대한 객관적인 역량을 정확히 알고 싸워야 승리할 수 있다는 것이다.

손자병법에는 이런 '지피지기 백전불태'의 구체적인 승리를 위한 분석 항목을 7가지로 정리하고 있다.

첫째, 군왕의 리더십을 비교하라. CEO의 리더십과 도덕성 그리고 이 시대가 요구하는 공유가치 창출인 CSVcreating shared value와 ESGenvironmental social governance 경영에 대한 기업철학을 비교해 봐야 한다는 것이다.

둘째, 장군의 능력을 비교하라. 본부장, 연구소장, 팀장, 관리자 등의 핵심역량을 비교해야 한다는 것이다.

셋째, 외부적인 환경과 내부적인 역량을 비교하라. 시장 트렌드에 부합한 제품의 개발과 고객 니즈의 만족을 위한 평소 임직원들의 비전 설계와 업무에 대한 열정 그리고 부서 간의 협업 정도와 기업가 정신entrepreneurship의 발로를 통한 소신 있는 업무 추진 등을 비교하라는 것이다.

넷째, 법령과 조직 시스템의 실행력을 비교하라. 회사의 규칙과 제도가 제대로 마련돼 있고 원칙과 정도에 따라 공평무사하게 실행되고 있는지를 비교하라는 것이다.

다섯째, 화력과 병력 숫자를 비교하라. 조직 규모와 상품의 라인 업, 매출액, 영업이익 정도와 영업 경쟁력 강화를 도모하기 위한 홍보, 광고, 영업사원, 판매촉진, 다이렉트 마케팅(SNS, 카플친, 맘 카페 등)인 촉진promotion전략의 우열을 비교해 보라는 것이다.

여섯째, 평소 병사들의 훈련정도를 비교하라. '교육과 업무의 통합'을 추구하면서 교육에 대한 투자와 이를 실무에 적용하기 위한 전사적 차원의 '교육문화 정착'과 '영업전사' 육성에 대한 사내의 학습문화에 대한 비교이다.

일곱째, 상벌체계의 공평한 운영을 비교하라. '인사人事는 만사萬事'라고 인사관리 원칙에 의거해 신상필벌의 원칙에 따라 제대로 시행되고 있는지를 비교하라는 것인데 '상賞은 무겁게 벌罰은 가볍게!'를 참고하는 것도 좋을 듯하다.

비즈니스는 이를 바탕으로 시장환경 분석에서 다섯 가지 요소로 구성된 거시적 환경(정치적, 경제적, 사회문화적, 기술적, 법률적 환경)과 세 가지로 구성된 미시적 환경(경쟁사, 공급사, 고객)을 분석해 마케팅 시사점을 도출하고, 내부적 환경인 경쟁사 대비 자사의 강점strength과 약점weakness 그리고 외부적 환경인 시장에서 기회opportunity와 위협threat을 비교하는 'SWOT 분석'과 경쟁사competitor와 자사company의 현황, 고객customer의 니즈를 탐색하는 '3C 분석'으로 실시간 대처함을 요구한다.

결국 비즈니스 성공을 위한 7가지 분석은 CEO의 리더십과 지구 공동체의 공유가치를 창출하는 'CSV'의 실천력과 ESG경영, 관리자들의 능력, 4차 산업혁명 시대의 시장 트렌드 파악과 선점, R&D, 인사제도, 상품에 대한 포트폴리오 정책 등을 바탕으로 어떻게 하면 '고객 니즈'를 만족시킬 수 있는가를 화두로서 매진한다면 성공 비즈니스의 필요조건은 충족됐다고 할 수 있다.

1.2 손자병법마케팅과 고전 마케팅

1. 우직지계迂直之計

우직지계迂直之計는 손자병법 군쟁편軍爭篇에 나오는 이야기이다. 가까운 길이라고 곧바로 가는 것이 아니라 돌아갈 줄도 알아야 한다는 병법의 한 가지 계책으로서 비효율적으로 보이는 것이 실제는 효율적이라는 뜻으로 '돌아가는 것이 지름길'임을 시사한다.

「논어」에서 공자는 "사람이 장래까지 생각하지 않는다면 반드시 가까운 근심이 있다人無遠慮 必有近憂"고 했다. 먼 미래를 미리 생각하지 않고 그저 눈앞에 보이는 일에만 연연하면 뜻하지 않은 걱정을 만나게 돼 오히려 역효과를 본다는 말이다.

비즈니스에서는 효율적인 계약체결을 위해 돌아가는 길인 1단계가 바로 우직지계이다. 첫 고객접점에서 신뢰 구축 없이 주먹구구식으로 가망 고객에게 자사 제품을 소구apeal 한다면 결코 좋은 성과를 기대할 수 없다. 영업실적에 급급해 첫 번째 단계인 고객신뢰 구축 없이 계약만을 서두르게 되고 자사 제품을 소구하는 데 몰입하게 되면 진정 계약체결은 경쟁사에게 넘겨주는 실수를 범할 개연성이 아주 높다. 왜냐하면 영업사원의 역할을 한 것이 아니라 홍보사원의 역할을 자임했기 때문이다. 그러므로 4단계의 비즈니스의 메커니즘mechanism을 이해하고 영업현장에서 이를 실천해 나간다면 최적의 영업 성과를 창출할 수 있는데 다음을 참조하자. 지금부터 필자가 20여 년에 걸쳐 영업현장에서 체득한 실무적 사례를 통한 마케팅 시사점을 공유하고자 한다.

첫 번째 '제품을 팔기 전에 자기 자신을 세일즈 하라!'는 신뢰의 구축이다. 1단계에서는 제품과 회사를 알리기 전에 무조건 고객신뢰를 구축해야 한다. 이때 요구되는 것이 첫인상으로서 MOTmoment of truth 즉 15초에 만전을 기하면 된다. 스페인의 투우사가 소 등의 급소에 칼을 찔러 쓰러뜨리는 것으로 투우의 하이라이트를 장식하는데 그때 걸리는 시간이 15초라고 한다. 비즈니스도 고객 접점에서의 15초가 신뢰 구축의 중요한 순간이라고 할 수 있다. 따라서 우리는 제품을 설명하기 전에 먼저 반드시 15초의 첫 인상 관리로 신뢰를 구축하는 나름의 방법으로 마케팅 시사점을 찾아야 한다. TV 광고시간이 15초로 구성된 것도 같은 맥락이라고 볼 수 있다.

UCLA 대학교의 앨버트 메라비안Albert Mehrabian교수는 신뢰의 구축은 3가지, 즉 시각적, 청각적, 언어적 요소로 구성된다고 한다. 이 중 가장 큰 비중을 차지하는 시각적 요소는 55%를 차지하며, 외모, 태도, 표정, 눈빛으로서 평소에 자기 관리를 시사한다. 두 번째는 38%를 차지하는 청각적 요소로서 남성의 경우 도, 레 수준의 첼로 사운드인 저음으로, 여성인 경우에는 미, 파 수준의 비올라 사운드인 중음으로 구사할 것을 주문한다. 마지막으로 언어적 요소인 말의 내용은 7%에 불과하다고 한다.

「성공하는 사람들의 7가지 습관」의 저자 아들인 스티븐 M. R. 코비는 신뢰가 높은 경우에 업무 속도가 빠르고 비용은 최소화한다는 것을 그의 저서 「신뢰의 속도*The Speed of Trust*」에서 주장한다. 즉 비즈니스 1단계에서 자사 제품을 열심히 알리지 않아도 신뢰 구축만 된다면 효율적인 영업 실행이 가능함을 시사하고 있다. 비즈니스 1단계에서 바로 계약을 시도하지 않고 신뢰를 구축하는 것이 일면 업무 진행이 더딘 것 같이 보이지만 일단 신뢰가 구축되면 그야말로 일사천리로 계약이 성사되고 진정한 파트너십이 형성돼 최적의 영업 성과를 창출하게 되는데 이것이 바로 '우직지계'라고 할 수 있다.

2. 속전속결速戰速決

손자孫子는 전쟁을 할 때 장기전을 피하라고 권한다. 용병用兵, 즉 군사를 잘 부리는 자는 군역軍役을 두 번 일으키지 않고 식량을 세 번 실어 나르지 않는다고 했다. 전쟁이 길어지면 전사자가 늘고, 본국에서 병사들을 다시 징집해 전장으로 보내야 되기 때문이다. 식량 소모 또한 엄청나다. 장기전은 그 폐해가 너무 커서 이겨도 백성들이 입는 타격이 크다. 그러니 "전쟁을 오래 끌어 나라에 이로운 사례는 없다" 또한 "병법은 '속전속결'로 이기는 것을 귀貴하게 여기고, 길게 끄는 지구전을 천賤하게 여긴다"고 손자는 말한다.

흑인 최초의 미국 국무부 장관을 역임한 콜린 파월은 걸프전 당시 연합군 총사령관으로서 전황의 정보를 75% 정도만 입수되면 공격을 명령했다고 하는데 이게 바로 속전속결의 '졸속拙速'을 시사한다.

참고로 비즈니스 3단계가 상호간의 윈윈win-win을 위한 협상단계이지만 여기서 질문 하나를 제시한다. 3단계인 협상단계에서 계약을 체결하는 것이 최선일까요? 아니면 2단계 상담단계에서의 계약이 최선일까요?

정답은 2단계이다. 왜냐하면 고객상담selling skills만으로 설득돼 계약을 체결하면 영업이익 극대화를 실현하기 때문이다. 이

것이 바로 비즈니스에서 '속전속결'이라 할 수 있다. 영업이익 극대화는 기업의 1차적 목적인 이윤 창출을 위해서는 물론이고 궁극적으로 기업 성장의 초석이 된다. 하지만 2단계에서 자사 제품의 장점 소구로 설득시켰지만 가격할인, 납기단축, 보증기한 연장 등으로 인한 이견도출異見導出이 있었다면 3단계 협상과정에서 영업손실이 불가피하기 때문이다.

협상은 상호간의 이익 추구이므로 고객의 요구 조건을 어느 정도는 수용해야 한다. 가령 가격에 대한 5% 할인을 요구하였는데 협상 과정을 통해 조금이라도 수용하게 되면 이게 다 영업손실이 되므로 영업이익에 나쁜 영향을 미치게 된다. 그러므로 협상 자체는 좋지만 협상 없이 즉 '속전속결'로 2단계에서 계약을 체결한다면 최상의 영업실적과 영업이익을 창출하는 것이다.

필자가 세일즈맨 시절에 실적은 좋은데 영업이익 측면에서 '속전속결' 없이 영업하는 동료들을 볼 때면 안타깝기도 하고 연민의 정도 생기곤 했다. 물론 실적에서의 자존심 싸움이라든지 회사 정책상 시장점유율 순위 다툼으로 영업이익을 포기하고 매출을 위해서만 영업을 할 때도 있는데 이는 예외적인 상황이다.

"용병을 오래 끌어 나라에 이로운 사례는 아직 없다"고 손자가 말했듯이 비즈니스 프로세스에서의 최적화는 1단계 '고객신뢰 구축' 후 '속전속결' 단계인 2단계 즉 상담기법으로 바로 마무리closing할 것을 시사한다.

3. 기정전략奇正前略

손자병법 병세兵勢 제5편에 보면 "정正으로 대치하고 기奇로써 승리를 거둔다"라는 말이 나온다.

전쟁을 하거나 싸움을 할 때는 정正을 기반으로 하되, 기奇로써 이겨야 한다는 말이다. 낙동강 전투에서 정正으로 맞서고 인천상륙작전에서 기奇로 승리한 것이 하나의 사례이다.

여기서 정은 무엇인가? 두 가지로 크게 말할 수 있다. 눈에 보이는 유형전력有形戰力과 눈에 보이지 않는 무형전력無形戰力이다. 유형전력으로서 정正은 힘의 실체를 말한다.

기업경영 측면에서 본다면 제품, 자본금, 매출, 종업원, 특허출원, CEO 등 인적·물적 자산을 말한다.

무형전력에서의 정은 무엇인가? 기업경영에선 상도商道를 가리킨다. 또한 눈에 보이지 않는 기업가 정신, 창의력, 지적 노하우 등도 이에 해당된다. 비즈니스를 할 때는 우선적으로 이런 유·무형 전력인 정正을 잘 준비해야 한다.

기奇는 무엇을 말하는가? 잘 준비된 정, 즉 제품을 바탕으로 다양한 고객니즈를 만족시킬 수 있는 고객전략戰略으로서 차별화된 고객서비스를 위한 창조적 발상을 말한다.

그럼, 비즈니스 프로세스에서의 기와 정은 어디에 해당될까?

비즈니스 4단계에서 1단계는 '고객신뢰 구축', 2단계가 신뢰

구축 후 '설득' 단계로서 상담스킬이 대두되고 이때 가격할인, 납기단축, 품질보증 기한연장 등 '이견도출異見導出'이 발생할 때 3단계가 바로 상호간 이익을 추구하는 '협상'단계이다.

협상의 전제조건은 자사 제품이 품질과 기능에 있어서 경쟁사에 결코 뒤지지 않는 점을 강조해야 상호간의 win-win을 추구할 수 있으므로 이것이 바로 정正에 해당된다.

따라서 최적의 영업성과 창출의 필요조건은 '착한 제품'이라고 해도 과언이 아니다.

기奇는 올바른 제품을 토대로 차별화된 서비스의 적용 여부가 관건이다.

오늘날 제품의 물리적 속성이 거의 유사한 상황에서 비즈니스 경쟁력은 기에 있다고 할 수 있다. 인공지능AI, 사물 인터넷IoT, 클라우드 컴퓨팅, 빅 데이터, 3D 프린팅, 로봇공학, 생명공학, 나노기술 등으로 고객니즈needs에 부합한 제품·서비스를 기반으로 어떻게 고객맞춤 서비스로 특화하느냐가 기정전략의 핵심인 것이다.

정正인 제품으로 경쟁사와 맞서고 상대가 예상하지 못한 기奇로써 차별화를 실현할 수 있는 영업마케팅을 어떻게 전술적으로 실행할 수 있을까!

경쟁이 치열해진 만큼 신규 고객을 창출하는 것이 기존 고객을 유지하는 것 못지않게 중요하다.

고객 접점에서 최상의 고객서비스를 통해 지속적으로 구매가 이뤄지고 소개까지 시켜주는 버드 독bird dog으로 활용한다거나 담당구역territory 내의 어린이집, 체육관 등과 제휴하는 등 남과 다른 방법, 새로운 방법을 찾아내야 한다.

원활한 영업활동을 위해 이동시간에 주변 홍보를 실시하거나 무관심한 고객들도 구매 필요성을 느낄 수 있도록 적극적으로 자사제품의 장점을 소구할 수도 있다.

또한 경쟁사 제품과 관련한 트렌드를 정확하게 파악하고, 경쟁사가 자신의 강점을 활용할 기회조차 가질 수 없도록 경쟁사의 우위를 무력화시키는 것도 선제적인 방법이 될 수 있다.

기정奇正전략은 압도적인 세勢로 경쟁우위를 확보하는 것으로서 정正과 기奇는 어느 하나가 중요하다는 것보다는 두 가지가 서로 의존하는 하나의 시스템이다. 정正은 기奇와 함께 사용해야 하고 기奇는 정正을 바탕으로 해야 한다.

4. 전승불복戰勝不復

전쟁에서 한 번 거둔 승리는 반복되지 않는다. 세상에 영원한 승리는 없는 것이다. 내가 지금 거둔 승리가 영원하다고 생각하지 마라! 현재의 승리에 도취되고 교만에 빠지다가는 결국 승리가 실패로 바뀐다. 그리고 어제와 똑같은 방법으로 승리를 다시 쟁취하려 한다면 전쟁은 실패로 끝날 것이다. 이런 메시지를 담고 있는 것이 손자병법에 나오는 전승불복이다.

승리는 영원하지 않다는 장자 '우화'에 이런 얘기가 있다. 장자가 하루는 밤나무 밭에 놀러 갔다가 이상하게 생긴 까치 한 마리를 발견하고 작은 돌멩이를 던져 까치를 잡으려고 하는데 까치는 위험한 순간에 빠진 것도 모르고 나무에 있는 사마귀 한 마리를 잡아먹으려고 정신이 팔려 있었다. 그런데 사마귀는 자기 뒤에서 까치가 잡아먹으려는 사실을 모른 채 매미를 향해 두 팔을 벌려 잡으려 하고 있었고, 매미는 그것도 모른 채 그늘 아래서 자기 자신이 승리자인 양 모든 위엄을 갖추고 노래하고 있었다. 장자는 순간 세상에 진정한 승자는 없다는 것을 깨닫고 던지려던 돌을 내려놓았다. 그때 밤나무 밭지기가 쫓아와 장자가 밤을 훔치는 줄 알고 그에게 욕을 퍼부으며 막대기를 휘저었다. 장자 역시도 최후의 승자는 아니었던 것이다.

사람들은 서로 물고 물려 있으면서 영원한 승리자인 양 착각하고 있다. 장자 '우화'에 나오는 매미든 까치든 사마귀든 장자 등 각자 위치에서 승리자라고 생각한 것이다. 승리에 도취돼 있는 순간 뒤에서 그 승리를 탈취하려고 호시탐탐하는 그 누군가를 모른 채 말이다. 그러면 세상에서 영원한 승리는 불가능한 일일까? 손자는 '전승불복'이라는 명제를 제시하면서 승자로 남기 위한 중요한 원칙을 제시한다. 그것은 바로 응형무궁應形無窮의 정신이다. '응'은 대응한다는 뜻이고 '형'은 조직의 모습이다. 무궁은 끝없이 변하는 무궁한 형상을 말한다. 무한히 변하는 상황에 조직이 유연하게 적응한다는 뜻이다.

그럼, 비즈니스 프로세스에서의 '전승불복'은 어디에 해당될까?

비즈니스 4단계에서 1단계는 '고객신뢰 구축', 2단계가 신뢰 구축 후 '설득' 단계로서 상담 스킬이 대두되고 이때 가격할인, 납기단축, 품질보증 기한 연장 등 '이견도출異見導出'이 발생할 때 3단계가 바로 상호간의 이익을 추구하는 '협상' 단계이다.

이후 비즈니스의 마지막 4단계인 고객관계관리customer relationship management가 '전승불복'이라고 할 수 있다. 2단계 상담단계에서 이견 없이 또는 2단계에서 발생한 이견 도출을 3단계인 협상으로 상호간의 win-win을 추구하게 되면 계약은 체결된다.

그러나 본격적인 비즈니스는 거래 성사 후부터 향후 거래를 도모하기 위해 한 번 맺은 고객과의 돈독한 고객관계관리가 요구된다.

고객관계관리란 획일적으로 하는 고객관리customer management와 달리 고객을 '개별화'하여 최상의 맞춤식 서비스로 관리를 해야 하는데 만약 매번 같은 내용의 서비스로 반복한다면 고객은 싫증을 내거나 피로감에 빠지게 돼 상표전환brand switching을 할 빌미를 주게 된다.

따라서 고객과의 관계에서 고객의 상황과 여건 그리고 시기에 따라 고객이 진정 원하는 차별화된 서비스로 만족을 줘야 4단계의 목적인 충성고객brand loyalty으로 자리매김하게 되고 더 나아가 주변의 소비자들에게도 소개시켜 주는 버드 독bird dog으로서의 역할을 기대하게 돼 영업성과는 일반적인 마케팅 비용의 6분의 1로도 매출 극대화를 달성하게 된다.

마지막 단계인 4단계는 본격적인 비즈니스의 또 다른 출발점으로서 기업의 지속성장을 가능하게 하는 가늠자 역할을 한다. 따라서 고객관계관리를 통해 그들에게 제공되는 서비스를 '전승불복'의 정신으로 다변화하여 고객 니즈를 충족시켜 줘야 함을 시사한다.

5. 무신불립無信不立

무신불립은「논어」안연편에 실린 공자의 말씀이다.

신뢰는 개인과 기업의 생존을 위해서 마지막까지 지켜야 할 덕목이다. 회사는 고객의 신뢰, 직원의 신뢰, 사회의 신뢰, 주주의 신뢰, 협력업체의 신뢰가 있어야 한다. 어느 한 방면이라도 신뢰가 없어지면 존립 자체가 흔들리는 것이다.

「논어」에 보면 공자의 제자였던 자공子貢이 공자에게 정치를 묻는 장면이 나온다. "나라를 다스리는 데 가장 중요한 것이 무엇입니까?" 공자는 정치에서 가장 중요한 것은 세 가지라고 대답한다. "첫째는 먹는 것, 즉 경제다. 둘째는 자위력, 즉 군대다. 셋째는 백성들의 신뢰다." 공자가 말하는 경제, 국방, 사회적 신뢰는 요즘 세상에서도 빠질 수 없는 조건이다. 자공이 다시 물었다. "그중에서 부득이 하나를 뺀다면 어떤 것을 먼저 빼야 합니까?" 공자는 군대를 먼저 빼라고 한다. 자공이 다시 물었다. "또 하나를 부득이 뺀다면 어떤 것을 먼저 빼야 합니까?" 공자는 경제를 빼라고 한다.

그리고 그 이유를 이렇게 말한다. 옛날부터 사람은 어떤 방식으로든 죽어 왔다. 그러나 백성들의 신뢰가 없으면 조직의 존립은 불가능한 것이다. 인류는 결국 죽음으로 이어져 왔다. 배가 고파서 죽고, 힘이 없어서 죽고, 자연재해 등 사고가 일어나서 죽는 것은 인류가 당면한 문제이다. 그래도 한 조직이 마지막까지 존립할 수 있는 이유는 바로 신뢰였다.

국가에 대한 국민들의 신뢰, 구성원들 간 상호신뢰는 마지막까지 그 기업이 존립할 수 있는 기반이다. 작금의 공유가치창출 시대에서 사회적 신뢰는 기업의 가치를 더욱 높인다. 비즈니스맨의 관점에서 신뢰는 고객 첫 접점인 MOTmoment of truth 즉 15초 동안에 구축해야 한다.

메라비안의 법칙에 의하면 첫 번째, 시각적 요소인 단정한 외모, 품격 있는 태도, 온화한 표정, 선한 눈빛으로 대면한다. 이를 위해 평소에 거울 앞에서 인사하는 모습과 운동으로 자기관리를 통한 내면 가꾸기를 권장한다. '한글과 컴퓨터'의 CEO는 영업사원 시절 방문하는 고객 사무실의 문 앞에서 혼자 90도로 허리를 숙여 인사를 3번하고 들어갔다는 일화가 있는데 이는 많은 시사점을 제공하고 있는 것이다.

두 번째, 청각적 요소로서 여성인 경우엔 7음계 중 미, 파인 중·저음의 비올라 사운드로, 남성인 경우엔 도, 레 수준의 저低음인 첼로 사운드로 고객 상담을 진행해 신뢰를 구축한다. 목소리를 들어보면 얼굴을 보는 것보다 더 정확하게 그 사람을 알 수 있다고 하고 공부와 내공內功이 진전되면 목소리가 달라진다고 한다. 일상에서도 보면 고음으로 대화를 구사하는 사람치고 진짜?는 없지 않나 생각해 본다.

마지막으로, 자사 제품의 설명은 언어적 요소로서 비중이 7%로 55%를 차지하는 시각적 요소와 38%를 차지하는 청각적 요소에 비해 매우 낮으므로 제품 설명과 자기 소개에 연연하지 않아도 된다.

다만 텔레마케팅에서 구현하는 5가지 요소인 목소리의 고저高低, 목소리의 크기, 말하는 속도, 억양, 말씨는 평소에 훈련을 해야 한다. 평소 본인의 발음이 어눌하다거나 표현력이 부족하다고 생각하는 비즈니스맨은 볼펜을 입에 물고 책을 읽거나 신문을 그냥 1시간씩 읽으면서 교정하는 사람도 있었고 이 경우에도 아나운서나 텔레마케터처럼 5가지 요소로 적용해 훈련한다면 매우 효율적일 것이다.

비록 제품력이 부족하고 시장점유율이 낮더라도 고객신뢰만 있다면 최적의 영업성과 창출은 할 수 있다. 신뢰는 존립의 가장 중요한 요소라는 공자의 이야기는 오늘날의 비즈니스에 있어서도 매우 유효하다.

6. 지성무식至誠無息

지성무식은 중용中庸 26장에 나오는 말이다.

비즈니스에서 필요한 자세를 고르라면 단연코 정성을 다한다는 뜻의 '성誠'일 것이다.

한국이 '한강의 기적'을 이뤄 경제화에 성공한 것 역시 외국인 관점에서도 이 '성실'이 있었다고 한다. 부품 하나라도 조이고, 닦고, 기름칠하는 근로자들의 성실함에서부터 관리자들의 정성에 이르기까지 성실함은 동양적 가치의 가장 중요한 덕목으로 인식돼 왔다.

정성과 성실이란 뜻을 가진 '성誠'에 대한 정의를 하고 있는 책이 바로 중용이다.

첫째, 성실함은 자신의 완성을 통해 남을 완성시켜 준다. 성실함의 궁극적 목표는 상대방도 완성해 주는 것이다. 팀장과 CEO가 성실하면 팀원과 임직원들도 성실 바이러스에 감염돼 성실해질 수밖에 없다.

둘째, 성실함은 자연스럽게 이뤄지는 것이지 억지로 되는 것이 아니기에 저 깊은 내면에서 우러나오는 자연스러움 그 자체이다. 기업이나 비즈니스맨이 오로지 자사 제품만 팔기 위한 생각으로 고객이나 거래처에 성실함을 강조한다면 진정한 성실이라 할 수 없을 것이다.

셋째, 최고의 성실함은 무식한 것이다. 이때 무식은 알지 못하는 무식無識이 아니라 쉬지 않는다는 무식無息이다. 성실함의 극치는 쉬지 않는 것이다.

비즈니스에 있어서 실적달성을 위한 성실은 어제도 오늘도 내일도 변함없이 계속된다는 것이다.

닛산자동차에서 약 16년간 톱 세일즈맨 자리를 차지했던 오쿠세이奥城良治의 성실 인생도 감탄할 만하다. 그는 하루에 100여 곳의 방문 목표를 설정한 후 끈기 있는 성실함으로 이를 추진했다.

27세에 당시 거래처 사장으로부터 "나는 자네의 성실과 의지에 감탄했다"는 격려에 힘입어 스스로 자기계발 노력을 계속한 결과 일본 세일즈 연수센터 소장이 됐으며, 그의 저서 「강호 세일즈의 비밀」은 좌절하기 쉬운 세일즈맨들에게 큰 위안을 주고, 비즈니스맨들에게는 자기계발에 크게 기여한 바 있다. 그의 저서 가운데 영업사원들에게 필수 불가결한 사항 중 일부 핵심적인 것을 소개한다.

그는 비장한 각오로 하루 100명의 고객을 방문한다는 목표를 세웠다. 한마디로 100명의 방문처라 하면 경이적인 숫자이다. 따라서 그는 우선적으로 낮시간을 좀더 효율적으로 사용하기 위해 법인法人을 대상으로 한 영업활동을 먼저 하기로 한다. 그는 낮에는 열심히 법인에 대한 영업 활동만 했다. 오후 6시가 되면 지금이나 그 시절에도 회사는 업무가 거의 종결된다. 저녁 6시께까지 그가 방문한 회사는 약 80여 군데로 남은 20여 개소의 가망고객이 남게 된다. 그래서 이번에는 오후 6시 이후 가장들이 회사에서 귀가하는 시간을 겨냥해 개인 가정에 대한 방문 소구를 하기로 한다.

그러나 이것조차도 시간적인 여유가 허락지 않았다. 왜냐하면 저녁 9시부터는 제각기 TV뉴스나 드라마에 매달리는 시간이므로 고객접근approach이 어려웠다. 그래서 오쿠세이는 저녁 9시 이후부터는 시내 상가를 목표로 하여 하루에 100군데의 불특정 다수 고객을 대상으로 한 세일즈를 성실하게 끈기로 달성한다. 즉 그는 계약이 체결되든 안 되든 여하튼 1일 100군데 영업활동을 성실하게 계속하고 그 결과 강인한 집념으로 톱 세일즈맨이라는 영광을 안게 된다.

해는 매일 뜨고 사계절의 운행은 쉬지 않는다. 이런 자연의 원리를 본받아 쉬지 않고 비즈니스의 길을 가는 무식無息한 성실이야말로 최적의 영업 성과를 창출하는 방법인 것이다.

7. 맹구지환猛狗之患

맹구지환은 「한비자韓非子」에 나오는 말이다.

역량 있는 인재를 채용하는 것이야말로 예나 지금이나 기업에서 조직의 리더가 해야 할 가장 중요한 업무이다. 그런데 조직에서 인재가 그토록 필요한데도 이직을 하거나 선뜻 지원하지 않는 경우가 있다. 한비자는 그 이유를 다음과 같은 고사를 들어 설명하고 있다. 송나라 사람 중에 술장사를 하는 사람이 있었다. 주인은 술도 넉넉히 주고 손님에게도 친절했는데 언제부터인가 손님이 점점 줄어들더니 급기야 술이 팔리지 않아 모두 식초가 되었다. 결국 손님의 발길이 끊겨 문을 닫게 되자 주인은 그 동네에서 가장 지혜로운 어른에게 이유를 묻게 된다. 그 어른은 이렇게 대답한다. “너의 집 개가 사나워서 그런 것이다. 너희 집에 손님이 오면 사나운 개가 그토록 짖어대고, 심지어 어린아이가 부모의 심부름으로 술을 사러 오면 개가 물어뜯으려고 위협하니 어느 누구도 너희 집에 술 사러 가지 않는 것이 당연하지 않겠는가? 아무리 술이 맛있어도 사나운 개가 있는 한 손님이 안 드는 것은 당연한 이치니라.” 한비자는 이 이야기를 꺼내면서 나라에도 사나운 개가 있다고 한다.

아무리 핵심역량이 있는 인재를 채용해도 팀장이나 선배 사원 등 주변에 그 인재를 받아들이고 지도할 ‘기업문화’가 없다면 결국 인재는 떠나게 된다는 것이다. 훌륭한 인재가 핵심능력을 갖고 찾아왔는데 주변의 구성원들이 사나운 개가 되어 이리저리 그 사람을 헐뜯으며 비방, 모략하니 결국 인재들은 떠나고 그 조직에는 역량 있는 인재가 찾아오지 않게 되고 결국은 망하게 될 것이란 말이다. 순자荀子의 말 중에도 이런 유사한 말이 있다. “선비에게 질투하는 친구가 있으면 주변에 좋은 친구가 모여들지 않는다. 군주에게도 질투하는 신하가 있으면 그 주변에 뛰어난 인재들이 모여들지 않을 것이다.” 여기서 질투 많은 벗, 투우妬友와 질투 많은 신하, 투신妬臣은 한비자가 말한 사나운 개, 맹구猛狗와 같다.

고객 접점에 있는 비즈니스맨이 맹구가 된다면 그 회사의 제품이 아무리 경쟁력이 있더라도 고객은 평가절하할 것이고 자영업의 경우 손님을 맞이하는 직원이 사나운 개가 된다면 아무리 질 좋은 상품과 맛있게 개발된 메뉴일지라도 고객의 기분은 불쾌하고 다시는 돌아오지 않게 돼 결국은 폐업에 이르게 된다는 것은 불문가지이다.

필자는 소상공인들 대상의 교육을 할 때 간과되기 쉽고 임시직으로 과소평가되는 직원들에게도 고객서비스에 대한 소양 교육과 고객이 있어야 가게가 있고 가게가 있어야 나의 일자리가 있다는 간단한 진리를 '고객철학'을 통해 인식시켜 줄 것을 제안한다.

6년 전 "주유소에 가면 우리는 주유소 사장이 누구인지 관심도 없다. 다만 접점에 있는 주유원의 일거수일투족에 의해 고객은 만족하게 되고 충성고객brand loyalty이 결정되니 주유원 교육이 중요하다"라고 하면서 사례를 예시하니 정유회사 간부들이 동조했던 일화가 생각난다.

자신의 지위만을 보존하기 위해 으르렁거리는 개가 있는 곳에 능력 있는 인재가 올 리 없고 고객도 없을 것이다. 사나운 개가 돼 찾아오는 인재와 손님을 물어뜯고 리더leader와 주인의 판단을 흐리게 한다면 조직에는 큰 불행이다. 가까이에 있는 주변의 인물들을 주기적으로 평가하고 교육하며 돌아볼 필요가 있다. 사나운 개 한 마리를 조직에 둠으로써 인재가 모여들고 손님이 오는 것을 막는 우遇를 범해서는 안 될 것이다. 우리 조직에

누가 사나운 개가 돼 협업collaboration과 조직의 단합을 저해하는지 냉철히 돌아봐야 한다.

사나운 개가 있는 가게에는 손님이 오지 않고 조직에도 인재가 오지 않는다!

8. 무중생유無中生有

무중생유란 말은 노자老子의 도덕경道德經에서 나온 말이다.

영업은 실적증진에 대한 어떤 방법도 없을 막막할 때가 있을 것이다. 프로모션 비용은 모두 떨어지고, 가망고객의 마음은 경쟁사로 가 있고 주변에 어느 누구도 더 이상 도와주지 않을 때 이런 막막한 때에 과연 어떤 방법으로 목표를 달성하겠는가? 이럴 땐 무중생유의 병법을 한 번 떠올려보면 어떠할까?

무중생유無中生有라! 무無에서 유有를 창조하라生! 원래부터 존재하는 것은 없다. 불가능할 것 같은 상황 속에도 반드시 길은 있다. 없다고 주저앉지 말고 신념을 갖고 방법을 찾으면 길이 보일 것이다. 뭐 이런 전략이다. 실적이 위기에 몰렸을 때 한탄만 한다고 해결방법이 찾아지는 것은 아닐 것이다.

도저히 방법이 없을 것 같은 상황 속에서 답을 찾아내는 것이 무중생유 전략을 이해하는 유능한 비즈니스맨의 행동 방식이다. 적벽대전에서 제갈공명이 아무 것도 없는 가운데 적의 화살 10

만 개를 만들어 쓴 것도 무중생유의 생각이 있었기 때문에 가능했던 것이다. 궁하면 통한다는 '궁즉통窮卽通'의 정신 자세가 결국 실적증진을 만드는 것이다.

이 전략의 철학적 토대는 노자의 도덕경이다. "천하의 모든 존재는 유有에서 나오지만 그 유有는 결국 무無에서 나오는 것이다." 세상에 존재하는 모든 사물은 결국 '없음'에서 시작됐다는 것이다. 가만히 생각해 보면 있음의 유有는 없음인 무無가 있을 때 성립되는 개념이다. 유는 무 없이 홀로 존재할 수 없다는 것이다. 무중생유의 계책은 세상의 사물은 모두 변화 발전한다는 전제에서 시작된다.

밤이 지나면 아침이 오고, 겨울이 가면 반드시 따뜻한 봄이 온다는 자연의 변화 속에서 유有와 무無의 상생을 본 것이다. 내가 처한 영업 환경과 조건이 어렵더라도 반드시 그 속에서 새로운 성공의 싹을 찾을 수 있다는 것이 '무중생유' 철학이다.

비즈니스 세계는 '정글의 법칙'이라고 한다. 준비된 곳도 정해진 것도 없는 상황에서 유연하게 대처해야 약육강식弱肉强食의 현장field에서 생존할 수 있는 것이다.

필자가 영업을 시작한 1986년부터 많이 들던 격언이며, 필자는 이를 위해 출근길마다 이런 마음가짐을 갖는다. "오늘도 내 눈앞에는 돈이 지나가고 있다. 이를 잡으려면 나는 긍정적이고 적극적으로 업무에 임해야 한다!" 한 건 한 건 실적을 달성할 때마다 수입으로 직결되니 마인드 조성이 중요하다고 생각했던 것이다.

영업과 마케팅에 대한 지식도 전무했지만 세일즈 서적을 통해 지식을 축적하고 이후 대학원에 진학, 마케팅에 대한 체계적 이론을 공부하며 국내 최초로 영업실무와 마케팅 이론을 융합한 논문을 발표해 유를 창조하였다. 이런 연유로 5년 전 국내대학 중 유일하게 비즈니스맨을 육성하는 학과를 설계해 영업전문가를 절실하게 요구하는 중소, 중견기업의 요구에 부응하고 영업성과 최적화에 일조하고자 했던 것이다.

영업은 주기적으로 실적 위기에 빠질 수 있다. 중요한 것은 어떻게 그 침체에서 탈출하느냐이다. 모든 것이 다 어렵다고 생각됐을 때가 다시 시작할 수 있는 가장 좋은 기회이다. 무중생유無中生有라! 무에서 유를 만들어 내라! 원래부터 있는 것은 없다. 없음에서 있음이 나왔다는 것을 잊지 말라! 영업도 매월 제로 베이스zero base에서 다시 시작한다! 상황이 좋지 않다고 생각할 때 가장 많은 실적을 달성할 수 있을 것이란 긍정의 생각을 가진 영업맨이 무중생유의 전략을 통해 우상향의 성과를 달성할 수 있을 것이다.

9. 다언삭궁多言數窮

다언삭궁이란 노자의 도덕경에서 나온 말이다.

고객을 상담할 때 말을 많이 한다고 설득되는 것은 아니다. 영업의 개념concept은 설득인데 말을 적게 하는 것이 오히려 고객을 설득할 때 더 효율적일 수 있다. 말을 많이 함으로써 자사 제품과 서비스를 많이 알린다고 하지만 그 말 때문에 오히려 불필요한 곡해의 소지가 발생할 수 있고 고객 신뢰를 실추시킬 수 있다.

비즈니스맨의 입장에서는 적극적이더라도 고객 입장은 오해하고 불신할 수 있기 때문이다. "인간이 자기의 생각과 의도를 너무 환하게 드러내면 사람들은 당신의 생각을 읽으려고 할 것이다. 당신의 생각과 의도가 그들에게 읽히면 그들은 오히려 그 의도에 맞추려 할 것이다. 당신이 말을 많이 할수록 그 말에 꼬투리가 잡혀 결국 자주 궁지에 몰리게 된다."

노자老子는 말을 많이 하면 자주 궁지에 몰린다는 '다언삭궁'을 논論하면서 다음과 같이 끝을 맺는다. "그저 넘치지도 모자라지도 않는 중용中庸의 도道를 지키소서!"

고객 상담에서도 같은 원리로서, 제품을 설명하지 말고 질문을 해야 한다고 필자는 생각한다. 왜냐하면 상담을 잘한다고 하는 것은 가망고객을 설득하는 것인데, 먼저 고객의 니즈needs 파악이 우선이기 때문이다. 질문을 통해 고객의 니즈가 1, 3번이면 비록 자사 제품의 장점이 1번에서 10번까지 있더라고 해당 분야인 1번, 3번의 두 개의 장점으로만 설득한다면 시간은 1/5로 절약되고 불필요한 8개를 생략해도 되니 오히려 신뢰는 더욱 더 구축되는 효과를 거두기 때문이다. 자사 제품의 특징은 반드시 장점으로 전환해 소구appeal하는 것이 관건이다. 예를 들어 소형차를 영업하는 세일즈맨이 가망 고객을 설득할 때 소형차의 '작다'라는 특징을 그냥 작아서 좋은 차라고 한다면 고객은 머뭇거리겠지만 '작다'는 특징을 장점으로 전환해 '연비가 좋고', '주차가 편리하고', '초보자한테도 좋고', '고속도로 요금할인' 등으로 설득한다면 고객을 망설이게 할 필요 없이 상담을 리드lead할 수 있고 협상에서는 주도권initiative을 확보할 수 있기 때문이다.

필자가 영업을 시작한 20세기에는 비즈니스를 잘하려면 말을 많이 한다고 했지만 21세기에는 '필요한 말을 필요할 때' 해야 한다. 따라서 효율적인 상담으로 고객을 리드하기 위해서는 바로 '상담 스킬selling skill'이 대두되는 것이다. 질문은 상담 초기에 두루뭉술하게 하는 '개방질문'으로 "저희 제품에 대해서 어떻게 생각합니까?"라고 '어떻게'라고 포괄적으로 하는 방법과, 주제를 구체적으로 한정하는 " 저희 제품 가격이 개당 500만 원은 어떠신지요?"라고 500만 원으로 한정해 물어보는 '폐쇄질문'으로 두 가지가 있다.

질문의 사용 시기에 있어서 개방질문은 포괄적인 의미를 내포하기 때문에 상담 초기에 무조건 사용한다. “저희 제품에 대해 어떻게 생각하십니까?”라고 질문했는데 고객의 반응이 “가격이 100만 원이면 좋고, 보증기한은 2년이면 좋을 것 같고” 이렇게 자발적으로 니즈를 표명하면 “아, 네~” 하고 맞장구로서 많은 말을 하지 않고도 니즈 파악을 할 수 있어 일거양득의 효과를 거두게 되는 것이다.

만약, 고객이 니즈를 위와 같이 자발적으로 얘기하지 않고 “그게 뭐 다 유사한 것 아니겠습니까!”라고 하면 그때 바로 폐쇄질문으로 고객 욕구를 파악하면 된다. “저희 회사 2년 보증기한은 어떠신지요?” 또는 “A라는 기능적 측면은 어떠신지요?”라고 장점을 자연스럽게 피력하면서 니즈를 파악하고 그 니즈에 부합한 자사 제품의 특징을 장점으로 전환해 대응matching한다면 노자가 갈파하는 ‘다언삭궁’의 우愚를 범하지 않고 고객 니즈를 만족시키는 효율적 상담으로 영업성과의 최적화를 달성하게 되는 것이다.

10. 도천지장법道天地將法

「손자병법」에서는 전쟁을 시작하기 전에 반드시 점검해야 할 것으로 도천지장법을 들고 있다.

'손자병법'에는 전쟁을 시작하기 전에 계산해야 할 다섯 가지 항목이 있다고 한다. 승산을 계산하는 다섯 가지 항목으로 '도천지장법'이다. 첫째, 도道는 조직의 목표와 비전을 공유하는 것이다. 죽어도 같이 죽고 살아도 같이 사는 이런 조직의 분위기를 도가 있는 조직이라고 한다. 공동체 의식을 바탕으로 비전을 공유하며 영업목표 달성으로 똘똘 뭉쳐 있는 사업부 조직이 이긴다는 것이다. '5:0'이라는 치욕적인 별명을 얻었음에도 불구하고 히딩크 감독의 2002년 월드컵 4강 신화는 일관된 목표와 비전으로 도를 추구했던 것입니다.

둘째, 천天이다. 외부 환경에 대한 분석을 세밀하게 하고 있는가를 살펴야 한다. 외부적 환경 즉 시장의 거시적 환경과 미시적 환경은 언제나 변하고 있다. 4차 산업혁명 시대에 환경의 변화가 주는 트렌드trend를 미리 읽어야 비즈니스에 있어서 경쟁우위를 확보한다고 할 수 있다. 제갈공명은 적벽대전에서 동남풍東南風이란 환경의 변화를 읽어 내어 80만 조조의 군사를 2만 5천의 병력으로 물리칠 수 있었던 것이다.

셋째, 지地이다. 지형조건에 대한 분석이다. 지형조건은 비즈니스에서 경쟁사 대비 강점과 약점을 분석하는 내부적 역량이다. 시장에 진출해 성장성과 수익성을 거둘 곳은 어디인지, 어떤 시장을 선택해서 집중해야 고객 니즈를 만족시킬 수 있는 경쟁우위를 달성할 수 있는지, 이런 요소들을 3C company, competitor, customer 분석을 통해 정확히 판단할 수 있어야 한다는 것이다. '초나라와 한나라의 대전'에서 한신은 지형지물을 이용해 자신이 이미 이길 곳을 정해놓고 항우를 유인해 한나라의 승리를 쟁취했다.

넷째, 장수 장將이다. 관리책임자의 인사人事에 대한 분석이다. 손자는 지신인용엄知信仁勇嚴이라 하여 지혜, 신뢰, 어짐, 용맹, 엄격을 갖춘 순서대로 장수를 임명해야 한다고 한다. 장수가 누구냐에 따라 전쟁의 승패는 끊임없이 좌우된다. 훌륭한 지도자의 평가는 적재적소의 인사관리, 즉 누구를 각 부서의 책임자로 임명했는지에 따라 결정되는 것이다. 조직문화와 영업목표에 대한 달성 여부는 부서장의 리더십leadership, 동기부여motivation, 소통communication인 지휘활동의 여부에 달려 있다고도 할 수 있다.

다섯째, 법法이다. 조직과 편성, 임무에 대한 정확한 구분, 병참 부문에 관한 철저한 관리, 온정주의에 휘말리지 않는 군법을 공정히 실행하라는 뜻이다.

'조직의 목표와 구성원들의 비전이 하나 돼 있는가道? 시장의 환경을 미리 분석하고 철저하게 파악하고 있는가天? 자사의 현황과 내부적 핵심역량을 정확히 비교해 장단점을 구분하고 집중화 전략을 실행하고 있는가地? 업무에 적합한 사람을 선발하고 현장에 투입해 권한위임Empowerment으로 간섭하지 않고 부서장에게 권한 부여와 결과에 대한 책임을 묻고 있는가將? 조직의 시스템과 원칙은 제대로 작동되고 있는가法?' 승산을 계산하는 '손자병법'의 분석법이다.

시장 트렌드에 부합한 제품 출시와 영업과 마케팅 전략은 누가 더 도가 있는가? 외부적 환경 변화에 대한 시장의 감지market sensing 능력은 누가 더 우위인가? 내부적 핵심역량과 시장 변화를 누가 더 잘 감지하는가? 사업의 위험관리risk taking와 최적화가 어느 부서장이 더 유능한가? 신상필벌의 원칙은 누가 더 공정한가? 손자孫子는 "나는 이것으로 승부를 알 수 있다"라고 하였다. 비즈니스 원리도 병법의 원칙과 같이 일종의 오케스트라 같은 것이다. 각 분야에서 최상의 역할을 했을 때 최상의 성공 비즈니스를 할 수 있는 것이다.

참고문헌

권익현 · 임병훈 · 안광호(1999), 마케팅, 경문사

김덕희(1992), 위대한 세일즈맨, 대우자동차

김덕희(1993), 세일즈맨 이론을 만들자, 삶과 꿈

김덕희(2004), 디지털시대의 비즈니스원리, 법문사

김선호 · 조영삼 · 이형종 옮김(2008), 고객설득전략, 서울엠

닐 라컴(2005), 당신의 세일즈에 SPIN을 걸어라, 김앤김북스

박재희(2011), 3분 고전, 작은 씨앗

스티븐 M. R. 코비 저, 김경섭 · 정병창 역(2009), 신뢰의 속도, 김영사

조 지라드 저, 김명철 역(2012), 누구에게나 최고의 하루가 있다, 다산북스

안광호(1997), 브랜드파워, 한언

유혜선 · 서용구(2010), 스토리 마케팅, 명진출판

이성동(2011), 감성세일즈, 호이테북스

이유재(1997), 서비스 마케팅, 학현사

이학식 · 안광호 · 하영원(2010), 소비자행동, 법문사

차동엽(2012), 무지개 원리, 국일미디어

현대경제연구원 옮김(2010), 하버드식 협상의 기술, 청림출판

김덕희(1992), "승용차 구매시 영업사원의 설득적 메시지에 관한 연구," 인하대학교 경영대학원 석사학위 논문

김덕희(2000), "소비자 패널자료를 이용한 행동적 상표애호도의 측정 및 가격판촉에 관한 연구," 인하대학교 경영학 박사학위논문

김덕희(2011), "소셜네트워크서비스(SNS) 만족에 미치는 서비스 품질 요인에 관한 연구," 한국디지털정책학회, 제9권 제3호, 225-235

매경이코노미, 2001. 5. 4. 1604호

Achieve Global, "Professional Selling Skill & Professional Negotiation Skill, etc."

Allais, M.(1953), "Le compartment de l'homme rationnel devant le risque, Critique des postulates et axiomes de l'ecole Americaine," *Econometrica* 21, pp. 503-546

Bem, Daryl J.(1972), "Self-Perception Theory," in Leonard Berkowitz, ed., *Advances in Experimental Social Psychology*, 6, New York: Academic Press, pp. 1-62

Berry, L. L.(1980), "Service Marketing is Different," *Business*, May-June, pp. 24-29

Berry, L. L.(1981), "The Employee as Customer," *Journal of Retail Banking*, March, pp. 33-40

Berry, L. L.(1983), "Relationship Marketing," in L. L. Berry et al., eds., *Emerging Perspectives on Services Marketing*, Chicago, IL: American Marketing Association

Berry, L. L.(1987), "Big Ideas in Services Marketing," *Journal of Services Marketing*, Summer, pp. 5-9

Bowen, D. & B. Schneider(1988), "Services Marketing and Management: Implications for Organizational Behavior," *Research in Organizational Behavior*, 10, pp. 43-80

Davis, Kevin(1999), *Getting Into Your Customer's Head*, Times Business.

Diamond, Stuart(2011), *Getting More*, Penguin Books

Engel, James F., Roger D. Blackwell, and Paul W. Miniard(1990), *Consumer Behavior*, 6th ed., The Dryden Press, p. 328

Gorn, Gerald J.(1982), "The Effects of Music in Advertising on Choice Behavior: A Classical Conditioning Approach," *Journal of Marketing*, 46, Winter, pp. 94-101

Heider, F.(1958), *The Psychology of Interpersonal Relations*, New York: Wiley

Jones, Edward E. and Keith E. Davis(1965), "From Acts to Dispositions: The Attribution Process in Person Perception," in L. Berkowitz, ed., *Advances in Experimental Social Psychology*, 2, New York: Academic Press

Kahneman, Daniel and Amos Tversky(1979), "Prospect Theory: An Analysis of Decisions under Risk," *Econometrica*, 47, pp. 263-291

Katz, D.(1960), "The Functional Approach to the Study of Attitude," *Public Opinion Quarterly*, 24, pp. 163-204

Kelley, Harold(1967), "Attribution Theory in Social Psychology," in David Levine, ed., *Nebraska Symposium on Motivation*, Lincoln, NB: University of Nebraska Press

Kotler, Philip and Gary Armstrong(1991), *Principles of Marketing*, 5th ed., Prentice-Hall, Inc., p. 129

Sherif, M and C. W. Sherif(1967), "Attitude as the Individual's Own Categories: The Social Judgement-Involvement Approach to Attitude and Attitude Change," in C. W. Sherif and M. Sherif, eds., *Attitude, Ego-Involvement and Change*, New York: Wiley

Shugan, Steve M.(1955), "The Cost of Thinking," *Journal of Consumer Research*, 69, pp. 99-118

Thaler, R.(1985), "Mental Accounting and Consumer Choice," *Marketing Science*, 4, Summer, pp. 199-214

융합적 사고를 위한

비즈니스 가이드

2022년 4월 10일 초판 인쇄
2022년 4월 15일 초판 발행

저 자 | 김 덕 희
발 행 인 | 위 호 준
발 행 처 | 도서출판 **집현재**
04091 서울특별시 마포구 토정로 222
한국출판콘텐츠센터 417호
전화 (02)332-4922 Fax (02)3142-4922
홈페이지: www.jhjbook.co.kr
e-mail: jyp4922@naver.com

출판등록 | 2010년 10월 25일
등록번호 | 제105-91-57581호

정가 18,000원 ISBN 979-11-89295-72-1

이 책의 무단전재 또는 복제행위는 저작권법 제136조에 따라 5년 이하의 징역 또는 5,000만원 이하의 벌금에 처하거나 이를 병과할 수 있습니다.

※ 저자와 협의하여 인지첩부를 생략합니다.